T0267700

OSTARA

OSTARA

*Rituales, recetas y tradiciones para el
equinoccio de primavera*

Kerri Connor

Traducción de Miguel Trujillo Fernández

Translated from *Ostara. Rituals, Recipes & Lore for the Spring Equinox*
© 2015, Kerri Connor
Published by Lewellyn Publications
Woodbury, MN, 55125, USA
www.lewellyn.com

© Kerri Connor, 2023
© Traducción: Miguel Trujillo Fernández
© Editorial Almuzara, s. l., 2023

Primera edición: marzo 2023

Editorial Arcopress • Colección Los ocho sabbats
Edición: Pilar Pimentel
Corrección y maquetación: Helena Montané

www.arcopress.com
Síguenos en @ArcopressLibros

Editorial Almuzara
Parque Logístico de Córdoba. Ctra. Palma del Río, km 4
C/8, Nave L2, nº 3, 14005 - Córdoba

Imprime Black Print
ISBN 978-84-11315-06-7
Depósito legal: CO-347-2023
Hecho e impreso en España - *Made and printed in Spain*

Índice

...quinox, birth, renewal, rejuvenation, balance, fertility, ...

...ngth, vernal equinox, sun enters Aries, Libra on the ...

...reen Man, Amalthea, Aphrodite, Blodeuwedd, Eostre ...

...Flora, Freya, Gaia, Guinevere, Persephone, Libera ...

...et, Umaj, Vila, Aengus Mac Óg, Cernunnos, Herma, ...

...o, Mabon Osiris, Pan, Thor, abundance, growth, heal... ...

...healing, patience understanding virtue, spring, honor, con...

...abilities, spiritual truth, intuition, receptivity, love, ...

...vement, spiritual awareness, purification, childhood, inne...

...creativity, communication, concentration, divination, ...

...lities, prosperity, attraction, blessings, happiness, luck, ...

...guidance, visions, insight, family, wishes, celebrating li...

...dship, courage, attracts love, honesty, good health, emo...

...provement, influence, motivation, peace, rebirth, self pr...

...ine power, freedom, optimism, new beginnings, vernal eq...

...ation, sun, apple blossom, columbine, crocus, daffodil, ...

...honeysuckle, jasmine, jonquil, lilac, narcissus, orange b...

...se, rose, the fool, the magician, the priestess, justice, ...

LOS OCHO
SABBATS

La colección *Los ocho sabbats* proporciona instrucciones e inspiración para honrar cada uno de los sabbats de la brujería moderna. Cada título de esta serie de ocho volúmenes está repleto de hechizos, rituales, meditaciones, historia, sabiduría popular, invocaciones, adivinaciones, recetas, artesanía y mucho más. Son libros que exploran tanto las tradiciones antiguas como las modernas, a la hora de celebrar los ritos estacionales, que son las verdaderas piedras angulares del año de la bruja.

Hoy en día, los wiccanos y muchos neopaganos (paganos modernos) celebran ocho sabbats, es decir, festividades; ocho días sagrados que juntos componen lo que se conoce como la Rueda del Año, o el ciclo de los sabbats. Cada uno de los cuales se corresponde con un punto de inflexión importante en el viaje anual de la naturaleza a través de las estaciones.

Dedicar nuestra atención a la Rueda del Año nos permite sintonizar mejor con los ciclos energéticos de la naturaleza y escuchar lo que esta nos está susurrando (¡o gritando!), en lugar de ir en contra de las mareas estacionales. ¿Qué mejor momento para el comienzo de nuevos proyectos que la primavera, cuando la tierra vuelve a despertar después de un largo invierno y, de pronto, todo comienza a florecer, a crecer y a brotar del suelo otra vez? Y, ¿acaso hay una mejor ocasión para meditar y planificar que durante el letargo introspectivo del invierno? Con la colección *Los ocho sabbats* aprenderás a centrarte en los aspectos espirituales de la Rueda del Año, a cómo transitar por ella en armonía, y celebrar tu propio crecimiento y tus logros. Tal vez, este sea tu primer libro sobre Wicca, brujería o paganismo, o la incorporación más reciente a una librería (digital o física) ya repleta de conocimiento mágico. En cualquier caso, esperamos que encuentres aquí algo de valor que puedas llevarte contigo en tu viaje.

Haz un viaje a través de la Rueda del Año

Cada uno de los ocho sabbats marca un punto importante de los ciclos anuales de la naturaleza. Se representan como ocho radios situados de forma equidistante en una rueda que representa el año completo; las fechas en las que caen también están situadas de forma casi equidistante en el calendario.

La Rueda está compuesta por dos grupos, cada uno de cuatro festividades. Hay cuatro festivales solares relacionados con la posición del sol en el cielo, que dividen el año en cuartos: el equinoccio de primavera, el solsticio de verano, el equinoccio de otoño y el solsticio de invierno. Todos ellos se fechan de forma astronómica y, por lo tanto, varían ligeramente de un año a otro.

N

Rueda del Año - hemisferio norte
(Todas las fechas de los solsticios y los equinoccios son aproxi-
madas, y habría que consultar un almanaque o un calenda-
rio para averiguar las fechas correctas de cada año)

11

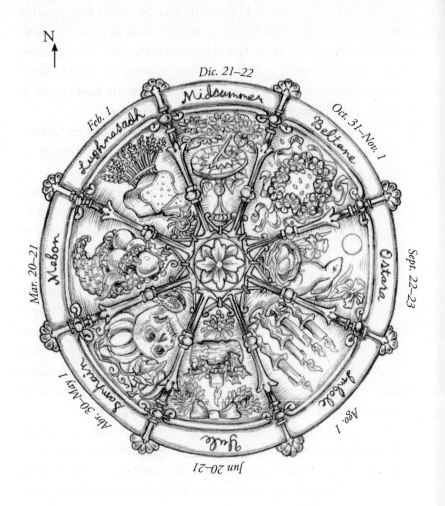

N

Dic. 21–22
Feb. 1
Midsummer
Oct. 31–Nov. 1
Lughnasadh
Beltane
Mar. 20–21
Mabon
Ostara
Sept. 22–23
Bonfaun
Imbolc
Abr. 30–May 1
Yule
Ago. 1
Jun 20–21

Rueda del Año - hemisferio sur

Entre estas festividades se encuentran las festividades de mitad del cuarto, o festivales del fuego: Imbolc, Beltane, Lughnasadh y Samhain. Las festividades estacionales a veces se conocen como Sabbats menores, y las de mitad de estación como Sabbats mayores, aunque ningún ciclo es «superior» a otro. En el hemisferio sur, las estaciones son opuestas a las del hemisferio norte y, por lo tanto, los sabbats se celebran en fechas diferentes.

Aunque el libro que estás leyendo se centra solo en Ostara, puede resultar útil saber cómo encaja dentro del ciclo en su totalidad.

El solsticio de invierno, también conocido como Yule o festividad de mitad del invierno, tiene lugar cuando la noche ha alcanzado su duración máxima; después de este, la duración de los días comenzará a incrementarse. Aunque la fría oscuridad está sobre nosotros, ya se aviva la esperanza de los días más luminosos que están por llegar. En la tradición wiccana, este es el momento en el que nace el joven dios solar. En algunas tradiciones neopaganas, este es el momento en el que el Rey del Acebo está destinado a perder la batalla contra su hermano más luminoso, el Rey del Roble. Se encienden velas, se degustan manjares, y se traen a la casa plantas perennes como recordatorio de que, a pesar de la crudeza del invierno, la luz y la vida siempre prevalecen.

Durante el Imbolc (que también se puede escribir «Imbolg»), el suelo empieza a descongelarse, lo que indica que ya es el momento de comenzar a preparar los campos para la temporada de sembrado que se aproxima. Comenzamos a despertar de nuestros meses de introspección y empezamos a organizar lo que hemos aprendido durante ese tiempo, además de dar los primeros pasos para hacer planes de cara al futuro. Algunos wiccanos también bendicen velas durante el Imbolc, otra forma simbólica de invocar a la luz, que ahora es ya perceptiblemente más fuerte.

En el equinoccio de primavera, también conocido como Ostara, la noche y el día vuelven a tener la misma duración y, a partir de entonces, los días comenzarán a ser más largos que las noches. El equinoccio de primavera es un momento de renovación, de plantar semillas ahora que la tierra ha vuelto a la vida una vez más. Decoramos huevos como símbolo de esperanza, vida y fertilidad, y realizamos rituales para cargarnos de energía con la que poder encontrar el poder y la pasión para vivir y crecer.

En las sociedades agrícolas, el Beltane señalaba el comienzo del verano. Se sacaba al ganado a pastar en abundantes prados, y los árboles se llenaban de flores hermosas y fragantes. Se realizaban rituales para proteger las cosechas, el ganado y la gente. Se encendían fuegos y se hacían ofrendas con la esperanza de conseguir la protección divina. En la mitología wiccana, el dios joven fecundaba a la diosa joven. Todos tenemos algo que queremos cosechar para cuando acabe el año, planes que estamos decididos a cumplir, y el Beltane es un momento estupendo para poner en marcha ese proceso de forma entusiasta.

El solsticio de verano es el día más largo del año. También se llama Litha, la festividad de mitad del verano. Las energías del sol están en su cúspide, y el poder de la naturaleza se encuentra en su punto más álgido. En la tradición wiccana, este es el momento en el que el dios solar es más fuerte que nunca (de modo que, de forma paradójica, su poder ya solo puede comenzar a disminuir) tras haber fecundado a la diosa doncella, que se transforma entonces en la madre tierra. En algunas tradiciones neopaganas es aquí cuando el Rey del Acebo vuelve a enfrentarse a su aspecto más luminoso, y, en esta ocasión, vence al Rey del Roble. Por lo general, se trata de un momento de grandes alegrías y celebraciones.

En el Lughnasadh, la cosecha principal del verano ya ha madurado. Realizamos celebraciones, participamos en juegos, expresamos la gratitud que sentimos y disfrutamos de los festines que preparamos. También se conoce como Lammas, y es el momento en el que celebramos la primera cosecha; ya sea relativa a los cultivos que hemos plantado o los frutos que han dado nuestros primeros proyectos. Para celebrar la cosecha de grano, a menudo se hornea pan durante este día.

El equinoccio de otoño, también conocido como Mabon, señala otro importante cambio estacional y una segunda cosecha. El sol brilla por igual en ambos hemisferios, y la duración de la noche y del día es la misma. Después de este momento, las noches comenzarán a ganar terreno a los días. En conexión con la cosecha, este día se celebra un festival de sacrificio al dios moribundo, y se paga un tributo al sol y a la tierra fértil.

Para el pueblo celta, el Samhain señalaba el comienzo de la estación del invierno. Este era el momento en el que se sacrificaba al ganado y se recogía la cosecha final antes de la inevitable caída a las profundidades de la oscuridad del invierno. Se encendían fuegos para guiar en su camino a los espíritus errantes, y se hacían ofrendas en nombre de los dioses y de los antepasados. El Samhain se veía como un comienzo, y hoy en día se suele considerar el Año Nuevo de las brujas. Honramos a nuestros antepasados, reducimos nuestras actividades, y nos preparamos para los meses de introspección que están por delante... y el ciclo continúa.

La relación del pagano moderno con la Rueda

El paganismo moderno se inspira en muchas tradiciones espirituales precristianas, lo cual queda ejemplificado en la Rueda del Año. El ciclo de los ocho festivales que reconocemos a través del paganismo moderno nunca se celebró por completo en ninguna cultura precristiana en particular. En los años cuarenta y cincuenta, un hombre británico, llamado Gerald Gardner, creó la nueva religión de la Wicca mezclando elementos de una variedad de culturas y tradiciones, a través de la adaptación de prácticas de religiones precristianas, creencias animistas, magia popular y distintas disciplinas chamánicas y órdenes esotéricas. Combinó las tradiciones multiculturales de los equinoccios y los solsticios con los días festivos celtas y las primeras celebraciones agrícolas y pastorales de Europa para crear un modelo único que se convirtió en el marco del año ritual de la Wicca.

Los wiccanos y las brujas, así como muchos paganos eclécticos de diversa índole, siguen de forma popular el año ritual wiccano. Algunos paganos tan solo celebran la mitad de los sabbats, ya sean los de los cuartos o los que se sitúan en mitad del cuarto. Otros paganos rechazan la Rueda del Año en su totalidad y siguen un calendario de festivales basado en la cultura del camino específico que sigan, en lugar de un ciclo agrario basado en la naturaleza. Todos tenemos unos caminos tan singulares en el paganismo que es importante no dar por hecho que el camino de los demás será el mismo que el nuestro; mantener una actitud abierta y positiva es lo que hace prosperar a la comunidad pagana.

Muchos paganos adaptan la Rueda del Año a su propio entorno. La Wicca ha crecido hasta convertirse en una auténtica religión global, pero pocos de nosotros vivimos en un clima que refleje los orígenes de la Wicca en las islas británicas. Aunque tradicionalmente el Imbolc es el comienzo del deshielo y el despertar de la tierra, puede ser el punto más álgido del invierno en muchos climas del norte. Y, aunque el Lammas pueda ser una celebración de agradecimiento por la cosecha para algunos, en áreas propensas a las sequías y a los fuegos forestales puede ser una época del año peligrosa e incierta.

También hay que tener en cuenta los dos hemisferios. Cuando es invierno en el hemisferio norte, es verano en el hemisferio sur. Mientras los paganos de América del Norte están celebrando el Yule y el Solsticio de Invierno, los paganos de Australia celebran el festival de mitad del verano. Las propias experiencias vitales del practicante son más importantes que cualquier dogma escrito en un libro cuando se trata de celebrar los sabbats.

En línea con ese espíritu, tal vez desees retrasar o adelantar las celebraciones, de modo que sus correspondencias estacionales encajen mejor con tu propio entorno, o puede que quieras enfatizar distintos temas para cada sabbat según tus propias experiencias. Esta serie de libros debería ayudarte a que dichas opciones te resulten fáciles y accesibles.

Sin importar el lugar del globo en el que vivas, ya sea en un entorno urbano, rural o suburbano, puedes adaptar las tradiciones y las prácticas de los sabbats de modo que encajen con tu propia vida y con tu entorno. La naturaleza nos rodea por todas partes; por mucho que los seres humanos intentáramos aislarnos de los ciclos de la naturaleza, estos cambios estacionales recurrentes son ineludibles. En lugar de nadar contracorriente, muchos paganos modernos abrazamos las energías únicas que hay en cada estación, ya sean oscuras, luminosas o algo intermedio, e integramos esas energías en los aspectos de nuestra propia vida diaria.

La serie de Los ocho sabbats te ofrece toda la información que necesitas para hacer precisamente eso. Cada libro será parecido al que tienes ahora entre las manos. El primer capítulo, *Las tradiciones antiguas*, comparte la historia y la sabiduría que se han ido transmitiendo desde la mitología y las tradiciones precristianas, hasta cualquier vestigio que todavía quede patente en la vida moderna. *Las tradiciones modernas* abordan esos temas y elementos y los traducen a las formas bajo las que muchos paganos modernos festejan y celebran cada sabbat. El siguiente capítulo se centra en *Hechizos y adivinación*; se trata de fórmulas apropiadas para la estación y basadas en la tradición popular, mientras que el siguiente, *Recetas y artesanía*, te ofrece ideas para decorar tu hogar y hacer artesanía y recetas que aprovechen las ofrendas estacionales. El capítulo *Oraciones e invocaciones* te proporciona llamamientos y oraciones, ya preparados, que puedes emplear en rituales, meditaciones o en tu propia introspección. El capítulo de los *Rituales de celebración* te proporciona tres rituales completos: uno para realizar en solitario, otro para dos personas, y otro para un grupo completo, como un aquelarre, círculo o agrupación. Siéntete libre de adaptar todos los rituales o alguno de ellos a tus propias necesidades, sustituyendo tus propias ofrendas, llamamientos, invocaciones, hechizos mágicos y demás.

Cuando planees un ritual en grupo, trata de prestar atención a cualquier necesidad especial que puedan tener los participantes. Hay muchos libros maravillosos disponibles que se adentran en los detalles específicos de hacer los rituales más accesibles si no tienes experiencia en este ámbito. Por último, en la parte final de cada título encontrarás una lista completa de correspondencias para la festividad, desde los temas mágicos y las deidades hasta comidas, colores, símbolos y más.

Para cuando termines este libro, tendrás la inspiración y los conocimientos necesarios para celebrar el sabbat con entusiasmo. Honrando la Rueda del Año reafirmamos nuestra conexión con la naturaleza de modo que, mientras continúa con sus ciclos infinitos, seamos capaces de dejarnos llevar por la corriente y disfrutar del trayecto.

LAS TRADICIONES
ANTIGUAS

...ginnings, birth, renewal, rejuvenation, balance, fertility, c...
...ngth, vernal equinox, sun enters Aries, Libra in the...
...reen Man, Amalthea, Aphrodite, Blodeuwedd, Eostre...
...Flora, Freya, Gaia, Guinevere, Persephone, Libera...
...et, Umay, Vila, Aengus MacOg, Cernunnos, Herma...
...e, Mabon Osiris, Pan, Thor, abundance, growth, heal...
...healing, patience understanding virtue, spring, honor, co...
...abilities, spiritual truth, initiation, receptivity, love, in...
...vement, spiritual awareness, purification, childhood, inn...
...creativity, communication, concentration, divination, t...
...ities, prosperity, attraction, blessings, happiness, luck,...
...guidance, visions, insight, family, wishes, celebrating li...
...dship, courage, attracts love, honesty, good health, eme...
...provement, influence, motivation, peace, rebirth, self p...
...ine power, freedom, optimism, new beginnings, vernal eq...
...ation, sun, apple blossom, columbine, crocus, daffodil...
...honeysuckle, jasmine, jonquil, lilac, narcissus, orange b...
...se, rose, the fool, the magician, the priestess, justice, t...

El final del invierno está por fin a la vuelta de la esquina. Muchas personas están saliendo de una época protagonizada por el frío y la oscuridad. Para muchos, los meses de invierno pueden ser algo muy deprimente, entre la falta de luz del sol y el mal tiempo. Con la llegada de Ostara y la primavera, el sol vuelve a brillar una vez más. El tiempo empieza a mejorar, y cada día que pasa hace un poco más de calor. Los pájaros regresan de nuevo, las flores se asoman a través de la nieve que todavía pueda quedar, y la hierba pasa de un marrón amarillento desteñido a un verde vibrante otra vez. Aunque hemos estado interiorizando pensamientos y proyectos durante los meses de invierno, ahora es el momento de concentrarnos una vez más en el mundo que florece fuera de nosotros.

Ostara, conocido también como el equinoccio de primavera, cae generalmente en el 20 de marzo en el hemisferio norte (septiembre en el caso del hemisferio sur), y señala el momento en el que el sol llega a su cenit, el punto en la esfera celestial que se encuentra directamente por encima del ecuador. Cada año, el momento preciso del equinoccio se mueve alrededor de seis horas, lo que hace que sea posible que el equinoccio en sí caiga entre el 20 y el 21 de marzo. El Ostara es el comienzo oficial de la primavera en el hemisferio norte, sin importar que vivas en una zona más o menos cálida a lo largo de todo el año, o en un lugar donde el suelo todavía esté cubierto de nieve cuando llegue esta fecha.

Aunque hay una fórmula matemática un tanto complicada para averiguar el momento preciso en el que va a ocurrir el equinoccio, la mayoría de la gente se contenta con utilizar un almanaque, comprobar un calendario o buscar el día o incluso el momento preciso en alguna página web.

Aunque se dice que en el equinoccio el día y la noche tienen la misma duración (y literalmente significa «noche igual»; la palabra latina *aequus* significa «igual», mientras que *nox* significa «noche»), esto no es exactamente cierto. Todo depende de dónde vivas. Aquellas personas que viven más cerca del ecuador todavía ven más luz del día que oscuridad, mientras que aquellas que están más alejadas del ecuador verán menos luz del día, algo que a menudo se pasa por alto cuando la gente habla de esa supuesta total coincidencia. Por lo tanto, el aspecto más importante del equinoccio no es en realidad la duración del día o de la noche, sino que es el momento en el que el sol llega realmente a su cenit. Esto es algo que ocurre en todo el mundo al mismo tiempo. Cuando el sol llega a su cenit, simplemente llega. Hay un momento preciso en el tiempo de ese día en concreto en el que el sol está perfectamente alineado con el ecuador, sin importar que estés en América o en Australia. Ese es el momento en el que llega la primavera, y cuando la luz y el día dan comienzo a su triunfo sobre la oscuridad y la noche.

Después del Yule, debido a la inclinación en el eje de la tierra, la luz del sol se mueve más hacia el norte y nos ofrece a los que vivimos en el hemisferio norte unos días cada vez más largos. Durante el Ostara, el día y la noche son casi iguales, con el sol volviéndose cada vez más fuerte y los días más largos. Ahora que hay más luz solar y más calor producido gracias al ángulo de los rayos del sol, la tierra comienza a despertar. Desde las plantas que empiezan a brotar del suelo hasta los árboles a los que les crecen capullos de los que saldrán las hojas y las flores; desde los animales que salen de la hibernación hasta los que empiezan su temporada de apareamiento. Es el momento del renacimiento y de la renovación. El ciclo de la vida comienza de nuevo.

El Ostara no consiste solo en pollos y conejos, ni siquiera trata en realidad de la diosa Ostara, o Eostre, que da su nombre a este festival. Aunque se dice que Eostre es una diosa de la primavera, la fertilidad y el amanecer, en realidad hay muy poca información acerca de ella. La investigación muestra que la primera mención de la diosa Eostre fue en el siglo VIII por parte de un monje nortumbrio llamado Beda en su obra del año 725 de la Era Común titulado *De temporum ratione* (Sobre el recuento del tiempo) (Hutton, 180-181). De acuerdo con Beda, «durante el *Ēosturmōnaþ* (el equivalente al mes de abril), los paganos celebraban a Eostre con banquetes antes de que la festividad cristiana de la Pascua llegara a existir». La festividad cristiana de la Pascua recibe su nombre en inglés, *Easter,* de la diosa Eostre y el *Ēosturmōnaþ,* que a su vez se piensa que son las raíces protoindoeuropeas de las palabras «brillar» o «amanecer».

Ronald Hutton nos cuenta en *Stations of the Sun: A History of the Ritual Year in Britain* (Estaciones del sol: una historia del año ritual en Gran Bretaña):

«Cae en esa categoría de interpretaciones que Beda admitía que eran las suyas propias, más que hechos generalmente aceptados o demostrados. Cierta cantidad de eruditos alemanes arrojaron dudas sobre su utilidad durante el siglo XIX y principios del siglo XX, aunque carecían de las evidencias suficientes como para refutarlo a su vez. Dos hechos sí que parecen emerger de la discusión. Uno es que las versiones del nombre otorgado por Beda se utilizaban ampliamente entre los hablantes de las lenguas germánicas durante su época o poco después de ella; por consiguiente, el festival cristiano se conocía como *Ostarstuopha* en el valle del Meno durante los siglos VIII y IX. El otro es que la palabra anglosajona *eastre,* que significa tanto el festival como la temporada de primavera, está asociada con un conjunto de palabras de varios idiomas indoeuropeos, que representan el amanecer y también a diosas que personificaban ese evento, tales como la griega Eos, la romana Aurora y la india Ushas».

Pero ¿por qué no hay más información sobre esta diosa antes de esa fecha? Aunque algunos eruditos están de acuerdo con esta explicación, otros no lo están. Algunos aseguran que Eostre es una diosa celta, mientras que otros dicen que es germana, pero todavía está abierto a debate si esta diosa existió alguna vez o no, o si se la veneró y celebró de las formas que se nos ha dicho recientemente. Aunque la mayoría de dioses y diosas están rodeados de mitos e historias, no se puede decir lo mismo de Eostre.

Se ha encontrado una historia moderna relativa a Eostre (aparte de la que asegura que la palabra *Easter* viene de ella). Esta historia nos cuenta que un día de invierno la diosa se encontró con un pobre pájaro herido e impotente que se estaba muriendo. Para salvar la vida del pájaro, Eostre lo convirtió en una liebre, pero el cambio no fue completo del todo. Aunque el pájaro ahora parecía una liebre, todavía tenía la habilidad de poner huevos. La liebre decoró los huevos, y después se los dio a Eostre a modo de regalos por haberle salvado la vida. Pero ¿de dónde viene esta historia?

La historia se basa en realidad en un cuento popular ucraniano que explica el origen de los *pysanky*, esos huevos decorados de forma tan bonita. Eric A. Kimmel escribió una versión de este cuento con el título *The Birds' Gift* (El regalo de los pájaros). La versión que incluía a Eostre la publicó Sarah Ban Breathnach en *Mrs. Sharp's Traditions*. Desde entonces, la historia se extendió, parcialmente a través de internet, hasta que acabó en la revista infantil *Cricket* con el título *La llegada de Eostre* (Dickman, 16).

El autor Adrian Bott nos brinda la cronología de la conexión de Eostre con las liebres y nos muestra cómo nació en realidad lo que muchas personas creen que es una «tradición»:

725 de la E. C.: Beda menciona a Eostre. No la asocia con las liebres.

1835: Grimm, en *Deutsche Mythologie*, propone el nombre de Ostara; no asocia a Eostre con las liebres.

1874: Adolf Holtzmann declara que «probablemente la liebre fuera el animal sagrado de Ostara».

1833: K. A. Oberle también declara que «probablemente la liebre fuera el animal sagrado de Ostara».

1890: Charles Isaac Elton declara que ciertas costumbres de Pascua relacionadas con las liebres y los conejos «probablemente estaban conectadas con la adoración de la diosa Eostre».

1892: Charles J. Billson se refiere a la asociación de Oberle de la liebre con Ostara como a una conclusión, en vez de como a una especulación.

1944: John Lanyard declara que «la diosa sajona de la Pascua parece haber estado conectada con la liebre».

1976: Christina Hole declara que «La liebre era el animal sagrado de Eastre (o Eostre), una diosa sajona de la primavera y el amanecer» (Bott).

Fue Gerald Gardner, al crear la religión de la Wicca, quien unió costumbres de diferentes tradiciones y creó los siete sabbats, y después añadió el equinoccio de primavera para convertir en ocho el número total de sabbats y separarlos por un espacio aproximado de seis semanas. Según HecatesCauldron.org:

«Hay que ser conscientes de que en ningún lugar de la historia registrada hubo ningún grupo concreto de paganos que practicara los ocho Sabbats al completo. Además, no hay ningún registro de que los paganos celebraran el equinoccio de primavera. De hecho, Ostara, como Gardner llama al equinoccio de primavera, es el nombre germano de su diosa de la primavera. Ostara se celebraba durante el cuarto mes del año, es decir, en abril, según los escritos del escriba británico Beda el Venerable del siglo VII de la E. C. Más de mil años más tarde, todavía se honraba en las tierras germanas, donde su nombre se utilizaba para el mes que gobernaba: abril. No representaba el mes de marzo con su equinoccio de primavera.

Que el Ostara es una festividad ancestral en la que se venera a una diosa antigua, tal y como creen muchos, tal vez no sea verdad, pero de algún modo se ha llegado a pensar en ello como algo escrito en piedra en la historia más reciente.

Philip Shaw nos cuenta en *Pagan Goddesses in the Early Germanic World:*

> «La interpretación de Eostre como diosa de la primavera ha sido extrañamente influyente, teniendo en cuenta la falta de evidencias realmente claras que la apoyen. Tanto los escépticos como los creyentes suelen referirse a ella como una diosa de la primavera, y esto nos lleva a algunas situaciones absurdas, como cuando Knobloch (1959: 31-4) argumenta en contra de la existencia de Eostre con la base de que hay una carencia de evidencias etimológicas fuertes para su conexión con la primavera. Está claro que esto no es ningún argumento en absoluto contra la diosa; Knobloch demuestra con mucha habilidad la debilidad de la supuesta conexión con la primavera, pero esta conexión, después de todo, no es más que una interpretación académica del nombre de Eostre».

Aunque todavía no tenemos ninguna evidencia fuerte de la existencia de la diosa Eostre, eso no significa que no se la pueda celebrar como símbolo de la primavera de todos modos, si eso es lo que deseas. Lo que representa sigue siendo válido, sin importar que su existencia se pueda corroborar a nivel histórico o no.

Los lugares sagrados que señalan el equinoccio

Se cree que los antiguos pueblos irlandeses (anteriores a los celtas y a los druidas) celebraban los solsticios y los equinoccios. Una gran parte de esta prueba viene de los megalitos de piedra construidos a lo largo de Irlanda. Aunque muchas personas creen que los druidas construyeron estos megalitos y círculos de piedra, las pruebas científicas y los métodos de fechado muestran que estos monumentos y lugares son mucho más antiguos. Aunque los druidas podrían haber acabado utilizando estos lugares para rituales y otras prácticas, no eran los responsables de su existencia. Un grupo en particular de megalitos situado en Loughcrew contiene una tumba pasaje que está construida de modo que una losa de piedra se queda iluminada por los rayos del sol durante el equinoccio de primavera. La losa contiene símbolos astronómicos que se iluminan por completo durante el equinoccio (Megalithic Ireland). Aunque esto podría haber sido solamente alguna clase de elaborado sistema de calendario, los símbolos astronómicos dan a entender que sí que tenía una importancia mayor que simplemente señalar un día del año.

Los mayas celebraron el equinoccio de primavera durante más de mil años. Cuando el sol se pone en la pirámide ceremonial de El Castillo en México, crea una ilusión conocida como «el regreso de la serpiente del sol». El sol crea lo que parece ser una serpiente gigante bajando las escaleras de la pirámide. De este modo, los mayas honraban el regreso de su dios del sol (Atlas Obscura).

En Vermont, una estructura de piedra que contiene una cuenca similar a un anfiteatro conocida ahora como «Calendario Uno» tiene piedras que señalan el lugar por donde sale el sol los días del solsticio de verano y los equinoccios de primavera y de otoño. Aunque no se sabe con seguridad qué gentes construyeron en realidad el Calendario Uno, abundan las teorías que lo atribuyen a los nativos americanos, aunque parte de las escrituras que se han encontrado utilizaban en realidad el alfabeto irlandés primitivo conocido como *ogham* (Angel). ¿Podría ser que los celtas hubieran viajado hasta América del Norte en algún momento, incluso antes de la llegada de Colón?

En Salem (New Hampshire), el «Stonehenge de América» se alza en Mystery Hill (la Colina del Misterio) desde hace 4000 años. Se cree que lo construyeron algunos inmigrantes europeos desconocidos o nativos americanos. Tiene cinco piedras en pie y una piedra que señala la salida y la puesta del sol en ambos equinoccios, además de ser un calendario astronómico preciso para otros eventos. Se han descubierto en el lugar varios idiomas antiguos diferentes, lo que sugiere que al menos lo han utilizado o visitado varios grupos diferentes de personas a lo largo de su existencia (Goudsward).

En el butte de Fajada, en el parque histórico nacional de la Cultura Chaco del noroeste de Nuevo México, losas de piedra proyectan sombras sobre unos petroglifos en espiral sobre la pared del acantilado durante los solsticios y los equinoccios. Alzándose a 95 metros de altura, con una rampa de 230 metros de longitud, y sin ningún otro propósito claro, se cree que este sitio tenía un significado ceremonial extremadamente importante para los pueblos chacoanos (Sofaer y Sinclair).

El complejo de Angkor Wat de Camboya se construyó originalmente como un templo hindú a principios del siglo XII. Durante la mañana del equinoccio de primavera, el sol sube por el lateral de la torre central, donde descansa brevemente justo en la cima del chapitel del templo (Van de Bogart).

El Mnajdra de Malta se remonta a hace aproximadamente 5000 años. Se piensa que es uno de los calendarios solares más antiguos del mundo, y señala los solsticios y los equinoccios. Durante el equinoccio de primavera, los rayos del sol entran en el templo e iluminan el eje central (Heritage Malta).

El círculo de piedra de Fernacre en Cornualles está situado sobre una ladera, rodeado de colinas que señalan directamente tres de los puntos cardinales: Brown Willy señala el este, Rough Tor señala el norte, y Garrow Tor señala el sur. Durante el amanecer de la mañana del equinoccio, Brown Willy señala el punto de la salida del sol (Cornwall's Archaeological Heritage).

En 2009, se descubrió el yacimiento paleoindio de Spout Run en Clarke County (Virginia). El Departamento de Recursos Históricos añadió el yacimiento al Registro de Lugares Históricos de Virginia en 2011, lo que demuestra que incluso hoy en día todavía se siguen descubriendo lugares antiguos. En este lugar, se ha comprobado que tanto los círculos concéntricos como una formación triangular de rocas se encuentran alineados con el equinoccio. Después de descubrir marcas grabadas, el arqueólogo Jack Hranicky dijo: «Parecen ser grabados con la forma de las huellas de dos pies. Cuando uno pisa sobre ellas durante el equinoccio, el sol provoca un efecto de halo alrededor de la persona» (White).

Todos estos sitios, y muchos más, señalan la posición del sol durante el día del equinoccio. Tal vez nunca sepamos con seguridad si estos lugares se crearon como lugares espirituales para eventos rituales o simplemente para señalar el paso del tiempo a modo de calendario. Sin embargo, a lo largo del tiempo hemos visto que grupos de todas partes del mundo han celebrado y honrado las ocurrencias astronómicas que veían en los cielos por encima de ellos. Aunque fue Gerald Gardner el que convirtió el equinoccio de primavera en lo que ahora conocemos como el Ostara moderno, está claro que durante miles de años la gente no solo sabía que el equinoccio existía y ocurría, sino que hacían un seguimiento de cuándo iba a ocurrir, puesto que debía de tener alguna clase de significado para ellos. Ya fuera porque lo veían como un momento de equilibrio, un momento de nuevos comienzos, o simplemente como un momento para plantar, la gente era consciente del equinoccio y señalaba su existencia a menudo de formas sofisticadas, con estructuras grandiosas y complicadas.

Las relaciones del Ostara con otras festividades

Los temas del Ostara se asocian de forma más cercana con la Pascua cristiana, aunque ambas fechas no siempre caen muy cerca en el calendario. La Pascua se celebra el primer domingo después de la primera luna llena que ocurra durante o después del equinoccio de primavera, a menos que la luna llena en sí caiga en domingo, pues entonces la Pascua se retrasa una semana. Todavía sigue habiendo debate sobre si la Pascua se «robó» o no al Ostara (o a cualquier otro festival precristiano de la fertilidad durante el equinoccio) o si fue al revés.

En la Pascua, los cristianos celebran la resurrección de Jesucristo, considerado el hijo de Dios, que se sacrificó dos días antes, el Viernes Santo. Esto supone un paralelismo con los temas de resurrección y renacimiento que se comparten a menudo con el Ostara. Aunque el propio Jesús no «renació», sí que resucitó de su tumba, y como murió por los pecados de los que creían en él, esas personas tienen la oportunidad de «renacer» a través de él. La Pascua moderna, como el Ostara, se celebra con la imaginería primaveral de los huevos, los pollos recién nacidos y los conejos, enfatizando la nueva vida más que la tumba de la muerte. El simbolismo cristiano del cordero se debe al hecho de que la muerte de Jesús durante la Pascua Judía lo convirtió en un «cordero de pascua».

La Pascua Judía (el decimoquinto día del Nisan, que comienza la noche de la luna llena posterior al equinoccio de primavera en el hemisferio norte) es una festividad muy sombría que celebra el éxodo de los israelíes de Egipto. Antes de que el faraón dejara marchar a los esclavos israelíes, Dios desató diez plagas sobre los egipcios, y la última fue la muerte de todos los primogénitos de las casas de los egipcios. Para poder salvar a sus hijos, los judíos recibieron instrucciones de pintar las puertas de sus casas con la sangre de un cordero, para que el espíritu de Dios supiera que tenía que pasar de largo y dejar a sus habitantes intactos.

Pero siempre ha habido muchas otras festividades y deidades asociadas con este momento del año, además de la Pascua cristiana y la judía. Aunque los druidas no celebraban el Ostara, sí que tenían su propia festividad conocida como Alban Eiler, que se traduce como «Luz de la Tierra». Era el día en el que tanto la noche como el día eran iguales. Y este era el día en el que se sembraban las cosechas, y se veía como un momento enormemente mágico (The Sacred Fire).

Las bacanales eran un festival que tenía lugar en marzo para celebrar a los dioses del vino Baco y Dioniso. El festival tenía muy poco que ver con la celebración del equinoccio salvo por el momento en el que se producía; lo que se celebraba no era la igualdad entre el día y la noche, sino el vino y el placer físico. Estas fiestas se describían a menudo como orgías salvajes y excesivas en las que había hasta violencia y asesinatos que tenían lugar entre el caos (Gill). En comparación, la idea de Gardner del Ostara es en cierto modo un regalo pacífico que celebra en su lugar el renacimiento, la renovación y la revitalización. Los paganos modernos están más inclinados a atiborrarse de huevos de chocolate que de vino durante esta festividad.

La celebración de las deidades de la primavera

Cuando trabajamos con deidades en este momento del año, lo más apropiado es escoger a aquellas que encarnan el espíritu de la vida y la renovación. Tradicionalmente en esta época del año, las diosas doncellas han sido las protagonistas que han reinado y han sido honradas, mientras que la atención de los dioses masculinos cae sobre los jóvenes y viriles. Los que más se celebran son aquellos relacionados con la primavera, los animales, el renacimiento y la caza.

En la Antigua Grecia se celebraba tanto a Dioniso como a Perséfone como deidades de la primavera. Se decía que Dioniso, un dios de las plantas y especialmente de las vides de uvas, sufría un dolor terrible durante los meses del invierno. En primavera, su fuerza regresaba con el florecimiento de la tierra (Ireland's Druidschool).

Perséfone, la hija de Deméter (que era la diosa de los cultivos y de las cosechas), había sido secuestrada por Hades. Deméter estaba tan triste por su hija desaparecida que era incapaz de cuidar de los cultivos, que comenzaron a morir. Zeus envió a Hermes a hablar con Hades sobre liberar a Perséfone para que los cultivos no murieran del todo y la gente pudiera vivir. Hermes realizó un trato con Hades, que permitió que Perséfone volviera con su madre durante seis meses al llegar la primavera. Cuando se acababa su tiempo, cada año tenía que regresar al inframundo para vivir como la reina de Hades. Deméter, deleitada con el regreso de su hija, se asegura de que cada primavera las flores florezcan para dar la bienvenida a su hija cuando vuelve.

Se decía que Afrodita, la diosa griega de la belleza, el amor, el placer y la procreación, hacía brotar flores a sus pies mientras caminaba por la tierra cuando salió por primera vez de la espuma del mar. Está conectada con los poderes regeneradores de la naturaleza, y por tanto está muy conectada con la primavera cuando la tierra vuelve a la vida. Algunos la consideran la madre de todas las cosas vivas, y cada primavera da a luz al mundo para que vuelva otra vez a la vida.

Venus, la diosa romana del amor y la belleza, está asociada con los campos cultivados y los jardines, y se la considera la equivalente romana de Afrodita. Su asociación con los campos cultivados y los jardines la ligan al tema primaveral de los nuevos comienzos, ya sea un nuevo comienzo relacionado con la vegetación de la tierra o con la vegetación figurada del alma. Existieron dos templos dedicados a Venus, uno en Lavinio y el otro en Ardea (Lindemans).

Tal vez una de las historias más tristes de una diosa celebrada durante la primavera es la de la diosa griega Clitia. Clitia comenzó su vida como una ninfa de agua que estaba enamorada del dios del sol, Apolo. En algunas versiones de la historia, su amor no es correspondido, así que ella se sienta eternamente para verlo cruzar el cielo todos los días. Con el tiempo, sus piernas y sus pies se convierten en raíces, su cuerpo toma la forma de un tallo y sus brazos se convierten en hojas, mientras que su cara se transforma en un heliotropo que continúa mirando cómo el sol cruza el cielo cada día. En otras versiones de la historia, se transforma en una flor después de un encuentro sexual con el dios del sol (McCoy, 122).

Cibeles es una diosa que se ha celebrado en muchos países diferentes, incluidos Frigia, Grecia y Roma. Sus seguidores eran muchos, pues se trataba de una de las diosas creadoras más famosas. Además de la nueva vida, se la asocia con la tierra, la pasión y el amor, lo que la convierte en una diosa perfecta para celebrar a principios de la primavera. En Roma se la conocía como la Gran Madre (McCoy, 122; Jordan, 169).

Eos era la diosa griega del amanecer, que también se asocia con la primavera por su aspecto de nuevo comienzo. Eos también era una diosa muy sexual, lo que la une a los temas del romance, el amor y la fertilidad.

Flora, la diosa romana de las flores, se celebra a menudo durante el equinoccio y también tiene su propio día festivo adicional, la Floralia, que se celebraba el 27 de abril (ahora el 28) (McCoy, 123; Jordan, 96-97), entre el Ostara y el Beltane. Como la diosa de las flores, es otra diosa perfecta para honrar en este momento del año. Si prefieres trabajar con una diosa celta, Blodeuwedd estaba hecha mágicamente de flores, lo que la convierte también en una diosa ideal con la que trabajar durante esta época.

La diosa nórdica Freya abandonaba la tierra durante el invierno y regresaba en cada primavera (McCoy, 123). Es otra diosa de la sexualidad, la vida y la muerte, y también encaja bien con los temas de esta temporada.

A Gaia, al ser una de las diosas griegas más antiguas de todas, se la representa literalmente como la propia Tierra. Ella hizo todas las cosas vivientes, y es literalmente la Madre Suprema. Cuando llega la primavera es cuando despierta, sus hermosas transformaciones tienen lugar y sus creaciones cobran vida.

La diosa hindú Rati es la consorte de Kama, el dios del amor. La propia Rati es la diosa del amor, la lujuria, la pasión y el placer sexual. Juntarlos a los dos es una combinación maravillosa para celebrar el amor y la pasión a comienzos de la primavera (McCoy, 124).

Para no quedarse atrás con respecto a las mujeres, también hay muchos dioses masculinos asociados con la primavera.

El irlandés Aengus MacOg era un joven dios del amor y el romance. Al ser el hijo del Dagda, también era un dios de la regeneración (McCoy, 92; Jordan, 5), un aspecto importante de la primavera ya que es el tiempo cuando las cosas se regeneran o vuelven a la vida.

El dios celta Cernunnos, conocido también como el dios Cornudo, es uno de los más conocidos. Con su cornamenta de astas de ciervo que brotan de su cabeza, resulta fácil ver que se trata de un dios del bosque y la naturaleza. También es el consorte de la Tierra Madre, con quien se aparea para dar nacimiento a todas las cosas vivas. Es básicamente el Padre Tierra.

El irlandés Dagda, el «dios bueno», es el dios definitivo de la regeneración. Posee un caldero con el que puede devolver la vida a los guerreros muertos, y es capaz de resucitar lo que ha fallecido.

El Hombre Verde es una gran representación de la primavera. Imagínatelo cobrando vida y creciendo mientras todos los brotes de los árboles se vuelven un poco más grandes y después explotan en forma de flores u hojas. Imagínalo retozando por el bosque, animando a las flores para que atraviesen el suelo y florezcan. Anima a las vides a sujetarse a los árboles y trepar hacia arriba, en dirección a la luz del sol. Está presente en toda la vida vegetal, a la que anima a crecer y a prosperar.

El dios galés Mabon tal vez ya tenga un sabbat nombrado en su honor, pero también es un dios que se retira al inframundo durante el invierno y después regresa durante la primavera (McCoy, 94). Aunque el Mabon es un buen momento para honrar las habilidades de este dios, el Ostara es un momento perfecto para celebrar su regreso al mundo.

El dios egipcio Min, que se representa con un falo gigantesco, es evidentemente un dios de la fertilidad y la creación. La primavera es el momento perfecto para venerar a este dios de la reproducción mientras los animales y la propia tierra comienzan a producir y a reproducirse entre ellos (McCoy, 95; Jordan, 199).

Otro dios egipcio, Osiris, cambia de papel a lo largo del año. Durante la primavera, es un dios de la fertilidad y la vegetación, y se asegura de que los cultivos se planten y prosperen (McCoy,

95; Jordan, 235-236). Osiris es otro dios que fue resucitado, en su caso por su esposa hermana, la gran diosa Isis.

El dios griego Pan es un dios de la naturaleza, los bosques y los animales de los bosques. Cuando pienses en Pan, piensa en vegetación, jolgorio y diversión, porque todas esas cosas están asociadas con él. La primavera es el momento de salir al campo y experimentar la vuelta a la naturaleza, y de celebrar la nueva vida con Pan como tu guía.

A principios de la primavera era muy útil tener cerca al dios nórdico Thor y su martillo mágico Mjölnir. Thor simplemente tenía que golpear el hielo con el Mjölnir para deshacerse del invierno y traer la primavera (McCoy, 96).

Cada una de estas deidades tiene su propia conexión con la estación de la primavera, y muchas también con la regeneración o bien simplemente con la tierra floreciente. Encarnan y celebran la juventud del mundo a nuestro alrededor mientras nos alejamos de la mitad oscura del año para entrar en la luminosa.

Año nuevo, vida nueva

Hasta el año 1752, cuando tuvo lugar el cambio del calendario juliano de los romanos al calendario gregoriano, se consideraba el 25 de marzo como el comienzo del nuevo año. En Inglaterra, existía el Lady Day (Día de la Dama) como una celebración de la Virgen María el 25 de marzo. El Día de la Dama se consideraba el momento perfecto para que comenzara el nuevo año, en base a las antiguas tradiciones de que el equinoccio era el comienzo de un nuevo año (McCoy, 107-108).

Como el equinoccio era el comienzo del año, esto explica por qué Aries (21 de marzo - 19 de abril) es el primer signo del año zodiacal. Esto también ayuda a explicar un poco mejor los nombres de algunos de nuestros meses. Septiembre parece una elección extraña para el noveno mes (*septem* significa «siete»), así como octubre para el décimo mes (*octo* significa «ocho»), noviembre para el undécimo mes (*novem* significa «nueve») y diciembre para el duodécimo mes (*decem* o *dec* significan «diez»). Si marzo fuera el primer mes, abril sería el segundo, mayo el tercero, junio el cuarto, julio el quinto, agosto el sexto, y entonces podemos ver cómo los demás caen en su sitio y van en orden numérico de acuerdo con lo que significa en realidad su nombre.

El Novruz, que se traduce como «nuevo día», era la antigua celebración persa del año nuevo durante el equinoccio de primavera hasta 3000 años antes de la época actual. Este día era tan importante que el rey de Babilonia solo se consideraba el rey legítimo después de participar en el festival del Novruz (Trotter, 108). El zoroastrismo era la religión de la antigua Persia antes de la llegada del Islam, y este mantuvo vivo el Novruz como festividad. Aunque solo se celebraba como un día sagrado por parte de los musulmanes sufíes, los bektashíes, los alauitas, los alevíes, los babíes y los seguidores de la fe bahaí, otros de zonas como Afganistán, Turquía e Irán todavía lo celebran como una festividad laica. En 2010, la Asamblea General de las Naciones Unidas reconoció el Día Internacional del Novruz, declarando que es un festival primaveral de origen persa que se ha celebrado durante siglos (Naciones Unidas).

El Ostara también nos da la oportunidad de comenzar a trabajar de nuevo en nuestros yos internos, al igual que en el Día de Año Nuevo. Labramos nuestros propios campos internos y plantamos nuestros cultivos emocionales, mentales, espirituales o incluso físicos que esperamos cosechar para cuando acabe la mitad luminosa del año, de modo que podamos utilizar la mitad oscura del año para descansar y volver a hacer planes para la próxima mitad luminosa del año siguiente. Estos planes pueden consistir virtualmente en cualquier cosa, ya sea aprender una nueva habilidad, comenzar un nuevo programa de ejercicio, construir un añadido para tu casa o absolutamente cualquier otra cosa. Ahora es el momento de iniciar proyectos, especialmente todo lo que sea nuevo para ti. Es un momento de esperanza, crecimiento y anticipación, cosas muy apropiadas para el signo de Aries. Cualquier cosa es posible, y el optimismo se encuentra en su punto más alto. Establece objetivos altos; si no los alcanzas este año, podrás continuar con algunos de ellos durante el año que viene, pero ten el optimismo de que podrás lograr cualquier cosa a la que dediques tu corazón y tu mente.

Se piensa que los pollos, los huevos y los conejos son símbolos del Ostara debido a su conexión con el renacimiento, la renovación y la fertilidad. Los conejos se multiplican con rapidez, y en grandes números. Las conejas pueden dar a luz todos los meses, dado que el periodo de gestación dura entre veintiocho y treinta y dos días, y las camadas son de entre seis y doce bebés. Una gallina puede poner un huevo prácticamente cada día y, aunque puede que no todos acaben fertilizados, los que lo hacen se convertirán en un pollito en solo veintiún días. En unos seis meses, el pollo hembra se habrá convertido en una gallina adulta y comenzará a poner sus propios huevos. Hasta los huevos sin fertilizar tienen su uso, ya que se pueden consumir y proporcionan alimento tanto para humanos como para otros animales.

El fénix se considera una criatura mágica del optimismo. El fénix es un ave preciosa que vive hasta que muere entre llamas, pero después resucita de entre sus propias cenizas para un nuevo comienzo y empieza su vida otra vez. Es otra representación ideal del Ostara, ya que está unido a los temas de la resurrección, los nuevos comienzos y la esperanza por el futuro. Todos caemos y ardemos de vez en cuando. Tal vez hay algo que hayas intentado hacer en el pasado pero que no haya funcionado. Puede que no fuera un completo fracaso después de todo, puede que haya sido un mal momento. Utiliza esta época para examinar tu vida en esos momentos en los que has caído y ardido. ¿Hay alguna forma de resucitar ese fracaso de sus cenizas y volver a empezar? Tal vez fuera una relación fallida que quieras reiniciar, o al menos finalizar en mejores términos. Tal vez fuera una oportunidad fallida en una relación o alguna otra aventura. Tal vez trataste de empezar con unas clases y no lo lograste. Ahora es el momento de volver a esos fallos y oportunidades perdidas y decidir con cuáles quieres volver a intentar y empezar de nuevo, de resucitar ideas antiguas con un nuevo entusiasmo. Los proyectos o las ideas que fracasaron antes podrían ser exitosos esta vez si empiezas en un momento designado para la esperanza y los nuevos comienzos.

El *pooka* es otra criatura mágica asociada con esta época del año, en particular con el aspecto de Alban Eiler. Un *pooka* es una criatura metamorfa, misteriosa y traviesa de Irlanda que forma parte del mundo feérico. Antes de que el *pooka* tuviera mala reputación, se lo veía como un sirviente que ayudaba a traer el poder del equinoccio de primavera a la tierra, los bosques y los campos. Puede que hasta fuera un amante de la propia diosa. Debido a su aspecto físico (a menudo se lo ve como mitad hombre y mitad conejo, aunque también puede ser una combinación de otras criaturas), tiene fuertes vínculos con los conejos, el símbolo de la fertilidad y la potencia.

Aunque el propio día del equinoccio consiste en el equilibrio, es importante recordar que el equilibrio es algo pasajero, y la verdad del asunto es que el auténtico equilibrio muy raras veces existe. Incluso durante el equilibrio, el día y la noche siguen sin ser exactamente iguales dependiendo de tu ubicación. Cuanto más lejos estés del ecuador, más grande será la diferencia entre la realidad y esa supuesta simetría temporal. Podemos trabajar para conseguir el equilibrio, y para mantenerlo, pero mantener un equilibrio estable de verdad es una tarea difícil, ya que la vida y las circunstancias se encuentran en constante cambio. El equinoccio no trata solo del equilibrio. Es el comienzo del triunfo de la luz sobre la oscuridad, de la calidez sobre el frío, y del día sobre la noche. Es el comienzo de la nueva vida.

LAS TRADICIONES MODERNAS

...ginnings, birth, renewal, rejuvenation, balance, fertility, c...

...ngth, vernal equinox, sun enters Aries, Libra in the...

...reen Man, Amalthea, Aphrodite, Blodeuwedd, Eostr...

...Flora, Freya, Gaia, Guinevere, Persephone, Libera...

...et, Umaj, Vila, Aengus MacOg, Cernunnos, Herma,...

...a, Mabon Osiris, Pan, Thor, abundance, growth, heal...

...healing, patience understanding virtue, spring, honor, cou...

...abilities, spiritual truth, intuition, receptivity, love, im...

...vement, spiritual awareness, purification, childhood, inn...

...creativity, communication, concentration, divination, i...

...lities, prosperity, attraction, blessings, happiness, luck,...

...guidance, visions, insight, family, wishes, celebrating ly...

...dship, courage, attracts love, honesty, good health, emo...

...nprovement, influence, motivation, peace, rebirth, self pr...

...ne power, freedom, optimism, new beginnings, vernal eq...

...ration, sun, apple blossom, columbine, crocus, daffodil,...

...honeysuckle, jasmine, jonquil, lilac, narcissus, orange b...

...se, rose, the fool, the magician, the priestess, justice, t...

La primavera está en el aire. Las crías de los animales retozan por el bosque y corretean por las praderas. Las flores aparecen a través del suelo (y, en algunos lugares, incluso a través de la nieve) y florecen. En los árboles se forman brotes que crecerán cada día; algunos pronto serán flores que se convertirán en frutas, mientras que otros brotes se transformarán en hojas para ayudar a recoger los nutrientes que los árboles necesitan para crecer y prosperar. Los pájaros han construido nidos, y pronto se abrirán los huevos con bebés piando para que les den de comer. Para los que viven en el norte, el petirrojo habrá regresado. Se ve nueva vida por todas partes a nuestro alrededor y sabemos que la primavera está en camino.

La hierba está creciendo una vez más (¡y también las malas hierbas!), y muchas personas volverán a sacar el cortacésped de nuevo. Para los que viven en zonas donde es posible tener jardines, ya habrá comenzado la época de labrar, y en el sur puede que ya haya semillas en el suelo. En algunas partes de Estados Unidos, el 17 de marzo (día de San Patricio) es tradición plantar guisantes para cosecharlos a principios de junio.

Aunque el mundo exterior está ocupado y pasando por numerosos cambios, muchas personas se darán cuenta también de un cambio interno. Tal vez hayas estado sufriendo un poco de claustrofobia, o incluso mucha. Puede que te sientas excesivamente cansado, atrapado o encerrado. Tal vez sufras de un desorden afectivo estacional y necesites literalmente la luz del sol. Sientes la necesidad de salir y disfrutar del exterior, aunque solo sea una escapada corta. Tal vez un día en el parque o incluso un paseo por el barrio sea justo lo que necesitas para comenzar a sentirte otra vez como tu antiguo yo. Si la temperatura es lo bastante cálida, tal vez quieras empezar a trabajar en el jardín, el huerto, o en otra cosa que te ayude a reconectar con la tierra y el mundo que se ha reavivado a tu alrededor.

Este es el momento de deshacerse de lo antiguo para comenzar de nuevo. Esta es una de las razones por las que las limpiezas de primavera son tan populares. Limpiar las cosas viejas y hacer hueco para las nuevas siempre nos ayuda a enfocarnos en un propósito renovado. Ya sea una limpieza de tu casa física o de tu hogar emocional o espiritual, a veces hace falta despejar el desorden antiguo para abrir camino a ideas y planes nuevos y frescos. Si te has atascado con un viejo proyecto que no va a ninguna parte, es el momento de replantearte tus planes y renovarlos si es necesario. Seguir adelante con los objetivos puestos en marcha durante la mitad oscura del año es en lo que consiste este sentimiento de renacimiento y regeneración.

Es el momento de coger algo viejo, arreglarlo y volver a convertirlo en algo nuevo, ya sea una casa, un tocador de época e incluso a ti mismo. Durante la mitad oscura del año, nos hemos pasado algún tiempo haciendo inventario y elaborando planes, y durante la mitad luminosa del año convertimos esos planes en acciones. Para algunos paganos, esta es su versión de los más comunes propósitos de Año Nuevo. Cuando la luz comienza a tomar el control sobre la oscuridad una vez más, nos levantamos, salimos fuera y actuamos, convirtiendo esos pensamientos, sueños y planes en realidad.

Para otras personas, el dicho de «el amor está en el aire» es muy cierto. Ya sea un amor romántico, lujurioso o incluso platónico, las relaciones también florecen en esta época del año. Para aquellos que ya tienen una relación, podría ser el momento adecuado para renovar ese amor mientras ese sentimiento vivaz se apodera de todo el reino animal (después de todo, ¡no somos más que mamíferos!). Hay una razón por la que nos sentimos de ese modo cuando la primavera llega a nosotros. Es intuición en estado puro. Con los sentimientos de novedad en el aire, queremos volver a encender esos sentimientos de cuando nuestras relaciones eran nuevas y jóvenes y estaban llenas de energía, pasión y chispa. Podemos tratar de recrear o bien de reinventar esos sentimientos. A veces, cuando esos intentos fracasan, seguimos adelante para crear y encontrar esos sentimientos intensos en un nuevo lugar. Estas iniciativas a veces también fracasan, en cuyo caso tan solo tenemos que recordarnos el viejo dicho de «el que no arriesga, no gana», y, al igual que el ave fénix, tendremos que levantarnos de nuestras cenizas y volver a empezar otra vez.

Tal vez sea simplemente el momento ideal para iniciar una relación, ya sea romántica o platónica. Después de estar encerrados durante el invierno, ya sea de forma figurada, literal o ambas cosas, anhelamos las conexiones y reconexiones con los demás. Es el momento de salir fuera a hacer esas interacciones, y a construir puentes con los demás. Haz el esfuerzo de salir fuera y conocer gente. Encuentra grupos nuevos a los que puedas unirte para conocer a personas que tengan intereses similares. El momento de esconderse en el interior de la casa está más que terminado, ahora es momento de salir al exterior y dar la bienvenida al mundo a tu vida.

A muchas personas, la primavera les trae la oportunidad de crecer de otras maneras, como dedicarse a cultivar. Cada vez más personas están volviendo a cultivar su propia comida, sin importar dónde vivan. La idea de la comida orgánica y cultivada en casa es cada vez más popular cada año que pasa. Los que tienen su propia tierra pueden hacer grandes cultivos o un pequeño huerto. Aquellos que vivan en la ciudad y sin jardín tal vez solo puedan cultivar en macetas. Muchos apartamentos tienen balcones pequeños o patios en los que se pueden cultivar hortalizas y verduras en recipientes. Esto también se puede hacer en el interior, frente a la ventana grande de un apartamento, con hierbas, lechugas y otras plantas pequeñas que no necesiten que se polinicen sus flores para producir frutos. Cuando cultivamos de este modo, es muy importante que no dejemos de dar nutrientes a la tierra, si no hay suelo suficiente del que extraer los nutrientes, las plantas pueden morir con rapidez. Las plantas que empezaron siendo hermosas y exuberantes podrían marchitarse a mitad de la estación si no tienen los nutrientes adecuados para seguir adelante. En internet se pueden encontrar recetas para elaborar abonos para plantas orgánicas y preparar el fertilizante.

Hacer un horario para tus actividades de jardinería igual que para otros proyectos de tu vida puede ser muy beneficioso. Si empiezas a trabajar en otros proyectos al mismo tiempo que plantas tu jardín físico, podrás ver cómo ambos crecen con el paso del tiempo.

Y, aunque no puedas dedicarte a la jardinería física, ¡también hay mucho trabajo de jardinería que hacer en todo lo relativo a la mente, el cuerpo y el espíritu! Ahora sería un momento estupendo para comenzar con una práctica de meditación si no la tienes todavía. ¿Qué tal si pruebas con yoga, pilates o incluso la danza del vientre? Todos ellos son formas de ejercicio para el cuerpo, el alma y el espíritu. Tal vez siempre hayas querido aprender a leer las cartas del tarot, practicar *reiki* o leer el aura. Tal vez quieras aprender a limpiarte los chakras. Puedes hacer cualquier cosa que quieras. Tan solo tienes que dar el paso y empezar.

Convertir algo nuevo en una práctica diaria puede ser difícil al principio. Encontrar el tiempo y ser constante para ello son a menudo las dos partes más complicadas de añadir un nuevo elemento a tu vida, pero, incluso aunque empieces con solo quince minutos al día, pronto te encontrarás buscando más tiempo para hacer eso que te gusta. Si algo que estás probando simplemente no te funciona, o si después de unas cuantas semanas te das cuenta de que te apetece o lo ves como una tarea pesada, lo más probable es que no sea para ti. No te sientas mal por abandonar algo una vez le hayas dado una buena oportunidad. No todas las prácticas son para todas las personas, y eso no tiene nada de malo. La gente nace con talentos e intereses diferentes, y desarrollan conjuntos de habilidades diversas todo el tiempo. Eso no significa que hayas fracasado, tan solo significa que estás organizando y planificando tu tiempo para lo que ha demostrado ser atractivo para ti. Tan solo asegúrate de darle una oportunidad. Una práctica de meditación no tendrá la oportunidad de crecer si tan solo la pruebas durante dos días, igual que una semilla no tendrá la oportunidad de germinar, crecer y producir comida si solo la riegas durante un par de días.

Todo esto son formas de utilizar las energías de esta época del año de renovación y nuevos comienzos para tu propio beneficio, o incluso para el beneficio de los demás.

Actividades estacionales

Hay muchas formas de celebrar la temporada del Ostara. Hablo de «la temporada del Ostara» porque mucha gente no lo celebra solo durante un día concreto. Aunque un ritual puede tener lugar en un día determinado, eso no significa necesariamente que en ese momento sea cuando la celebración comienza y termina.

Dar un paseo primaveral es una forma genial de dar la bienvenida a la nueva vida y al crecimiento del mundo vegetal. Incluso aunque el aire todavía sea ligeramente frío, un paseo a principios de la primavera constituye un placer insustituible. Si vives en una zona donde nieva, trata de salir en un día cálido, cuando el sol brille en el cielo y la nieve se esté fundiendo. No solo tendrás unas vistas espectaculares, sino que los aromas de la nieve derretida de la tierra embarrada o incluso del azafrán y otras flores que estén floreciendo, es algo que hay que disfrutar. Además, hay algo que solo se puede oír en estas circunstancias concretas: la nieve fundiéndose y el agua corriendo por el suelo congelado, o las gotas de agua de los carámbanos. Si puedes encontrar un parque o una reserva natural que contenga un riachuelo o un arroyo pequeño, podrás oír ese sonido todavía más cuando las aguas de la nieve que se funde corran por las lomas en busca del arroyo que se las lleve con él.

Un paseo en esta época del año puede ser más desafiante a nivel físico que en cualquier otro momento del año, dependiendo de las condiciones. Podrías estar enfrentándote a la nieve, el barro y el frío, o tal vez tengas un día completamente seco y maravilloso, dependiendo de dónde vivas. Aunque algunos lugares tienen un tiempo muy suave a principios de la primavera, otros todavía siguen luchando contra la nieve ya entrado el mes de abril. Aun así, solo porque un paseo pueda ser difícil no significa que no se pueda probar a hacerlo, simplemente supondrá un desafío. ¡Solo la idea de comenzar la nueva etapa con un reto podría ser motivadora para algunas personas! En este momento de renovación, renacimiento y regeneración, ¿por qué no comenzar con algo nuevo?

Otra actividad que la gente suele realizar en esta época del año, especialmente las familias, es volar cometas. De nuevo, esto puede ser una tarea difícil dependiendo de dónde vivan y cuáles sean las condiciones climatológicas, pero sí que necesitas como mínimo algo de corriente para que una cometa vuele por los aires (y se quede ahí), y marzo suele ser una muy buena época para el viento. El acto de volar una cometa puede ser una experiencia verdaderamente espiritual si así lo deseas. Es una forma genial de enseñar más a los niños sobre el elemento del aire, que también está asociado con los nuevos comienzos. Volar cometas es una metáfora muy buena de cómo podemos enviar nuestra energía y nuestras intenciones al universo mientras permanecemos firmemente anclados al suelo. También nos enseña que, aunque a veces podamos soñar con la cabeza en las nubes, tenemos que asegurarnos de tener los pies en la tierra. Cuando perdemos la conexión con el suelo y no somos conscientes de lo que están haciendo nuestros pies, podemos acabar tropezando, yendo en la dirección incorrecta o incluso cayendo, y entonces nuestra cometa se precipitará desde el cielo. Esto se traduce de la misma manera a nuestra vida espiritual. Cuando no nos mantenemos anclados a tierra y en equilibrio, las cosas pueden derrumbarse a nuestro alrededor. En muchas celebraciones modernas del Ostara hay una bendición de las semillas; estas pueden ser semillas literales o bien figuradas. Si te dedicas a la jardinería de alguna forma, bendice las semillas en el Ostara, especialmente aquellas que hay que plantar pronto. El campo o el jardín donde las plantarás después se puede bendecir también durante el Beltane. Sin embargo, si vives en un clima en el que se puede plantar antes del Beltane, también puedes bendecir la tierra. Del mismo modo, puedes bendecir cualquier semilla figurada que quieras plantar y sembrar este año. Esto lo puedes hacer escribiendo una lista de los objetivos que quieres lograr, o de tus esperanzas y sueños, y después utilizando la lista en tu ritual. También puedes añadir algo de tiempo de reflexión al ritual para que todo el mundo piense qué semillas quiere plantar y germinar en sus propias vidas. En una forma simbólica de plantar tus objetivos, puedes escribirlos en un trozo de papel y después enterrarlos de verdad en el jardín o incluso en una maceta llena de tierra que acabará conteniendo semillas o una planta de jardín. De este modo, según crece la planta, tus objetivos también lo harán.

Con el sentimiento de «novedad» en el aire, es divertido poder volver a hacer cosas infantiles. En primavera, podemos sentirnos jóvenes de nuevo. Podemos actuar como jóvenes otra vez. La Diosa se encuentra en su forma de doncella, y el Dios es un hombre joven y viril lleno de energía y fuerza. Una forma perfecta de honrarlos es emularlos y adoptar formas y actitudes similares, con independencia de cuál sea nuestra edad física. Tan solo eres tan viejo como te permitas ser. Hay una gran variedad de actividades que tanto adultos como niños podrán disfrutar juntos, y todo cabe bajo el concepto del JUEGO. Desde las pinturas de dedos hasta jugar a antiguos juegos de exterior, el juego siempre debería ser una parte importante de nuestras vidas, pero a menudo lo olvidamos por completo. Coger el hábito de jugar otra vez es una forma perfecta de honrar a la primavera.

Pintar con dedos en el exterior un día soleado nos permite una limpieza fácil después, y es otra forma de enseñar a los niños acerca de los elementos. Puedes hacer que pinten representaciones de cada elemento. Puedes explicarles que, mientras están fuera, están absorbiendo el elemento aire, y a través de las pinturas están trabajando con el elemento agua. La pintura con dedos tiende a tener un efecto tranquilizador y calmante sobre los participantes, así que también puedes hablar de este aspecto.

El juego que implica utilizar nuestro cuerpo entero es una liberación perfecta para la primavera después de haber estado encerrados durante todo el invierno. Es un momento para salir de casa, movernos, acumular un poco de energía y hacerla circular por el cuerpo de nuevo. ¿Cuáles eran tus juegos de la infancia favoritos? ¿El trotamundos? ¿El pilla-pilla o jugar a la pelota? ¿El escondite o el escondite inglés? O tal vez tirar de la soga. ¿Tus hijos saben cómo jugar a esos juegos? Es increíble la cantidad de niños de hoy en día que no los conocen.

Jugar con huevos

Las actividades de primavera a menudo consisten en salir de casa y disfrutar del exterior, y otra forma de hacerlo es con un objeto pequeño y muy divertido conocido como «cascarón». Si buscamos en internet, nos encontramos con que el origen de los cascarones pudo haber tenido su lugar en China, Italia o México. La mayoría de la gente coincide en que se trata de una tradición mexicana, pero también hay otros que insisten en que se originó en otra parte. El concepto del cascarón es simple: un huevo vacío se rellena con otra cosa. Se pueden encargar cascarones de papel maché por internet, o comprarlos en las tiendas durante la época del equinoccio, con las decoraciones de Pascua. También puedes hacerlos tú utilizando huevos de gallina corrientes (tienes las instrucciones en el capítulo de *Recetas y artesanía*). Los cascarones de papel maché ya rellenados suelen contener confeti, aunque tal vez puedas encontrar también otros con juguetes pequeños o golosinas.

Los cascarones son una forma estupenda de otorgar bendiciones a alguien. Se utiliza el símbolo del huevo fértil para «dar a luz» o «eclosionar» esa cualidad de fecundidad para la persona que lo recibe.

Limpia las telarañas del invierno y prepara tu época del Ostara para incluir muchos momentos de juego para ti y para tu familia. Hay muchas actividades diferentes que se pueden hacer con los huevos. De hecho, podrías hacer literalmente una actividad con huevos cada día a lo largo de varias semanas sin tener que repetir ninguna. Hay muchos juegos y actividades relacionados con los huevos que encajan mejor con el ocio en el exterior. Algunas de estas actividades son hacer rodar los huevos y varios tipos diferentes de carreras de huevos. En una carrera de huevos al estilo norteamericano tradicional, se utilizan cucharas de mango largo para empujar un huevo (normalmente cocido) desde la línea de salida hasta la línea de la meta. La carrera de huevos más famosa de Estados Unidos tiene lugar en Pascua en la Casa Blanca. En otros países se juegan juegos similares. En Alemania, se construye una pista con palillos para hacer rodar los huevos cuesta abajo por ellas. El huevo más rápido es el ganador. En Dinamarca, los huevos decorados se hacen bajar rodando por una cuesta o una colina. El huevo que recorre una distancia más larga es el ganador. En Lituania, se juega a un juego similar a las canicas: tienes que hacer rodar un huevo, y te puedes quedar con cualquier huevo que toque el tuyo.

La carrera de huevos más común es probablemente una en la que utilizas una cuchara para llevar un huevo desde la línea de salida hasta la meta. De nuevo, se suelen utilizar huevos cocidos, pero también se pueden emplear huevos frescos. Con los huevos frescos, se puede añadir la regla de que, si el huevo se rompe, tienes que empezar desde el principio con un huevo nuevo.

Otra clase de carrera de huevos es tener que llevar el huevo en alguna parte de tu cuerpo sin utilizar las manos. De nuevo, es algo que se suele hacer con huevos cocidos, pero el riesgo añadido de hacer un desastre con un huevo fresco puede aportar algo más de diversión. La gente puede llevar los huevos entre los muslos, donde tendrán que tener cuidado de no apretarlos con tanta fuerza como para romperlos, pero sí que tendrán que apretar lo suficiente como para que no se caigan. Esto se puede hacer también con un huevo sujeto entre la barbilla y el cuello, o utilizando dos huevos, uno por debajo de cada axila. Para que las cosas se pongan especialmente difíciles y absurdas (sobre todo si hay adultos jugando), prueba con una ronda con cuatro huevos al mismo tiempo.

Otra clase de carrera de huevos todavía más difícil se puede hacer con algo más grande, como una naranja o un pomelo. En esta carrera por equipos, todo el mundo coloca las manos por detrás de la espalda y pasa el huevo (o lo que sea) de una persona a la siguiente. El truco es que hay que sujetar el huevo entre la barbilla y el cuello, y hay que pasárselo a la siguiente persona para que lo sujete también entre la barbilla y el cuello. Hace falta retorcerse y contorsionarse mucho para llegar a la posición apropiada con la que poder pasar el huevo sin soltarlo. ¡Ganará el primer equipo que logre que el huevo pase entre todos sus miembros! Este juego también se puede hacer con huevos frescos o cocidos, pero, como es tan difícil, tal vez quieras portarte bien con tu familia y tus amigos y darles la opción del huevo cocido.

Otra actividad es la del lanzamiento de huevos, en la que equipos de dos personas se lanzan un huevo de uno a otro, alejándose un poco más cada vez. Gana el equipo que pueda alejarse más sin romper los huevos. Estos juegos son divertidos para niños y para adultos, y realmente hacen que bombee tu sangre y tu cuerpo se ponga en marcha otra vez.

El «choque de huevos» es una competición en la que la gente golpea otros huevos con el lado más puntiagudo de sus huevos cocidos. Cuando un huevo se rompe, se queda fuera de la competición, y el huevo que logre romper más huevos es el ganador. Aunque este juego se puede hacer tanto en el interior como en el exterior, puedes hacerlo un poco más extremo si lo conviertes en un juego para el exterior que se haga con huevos frescos en vez de cocidos. Sí, puede que se quede todo hecho un desastre, pero el huevo se limpia fácilmente con una manguera.

El baile de los huevos podría remontarse realmente a hace cientos de años, pero para muchas personas esta es una tradición poco conocida que parece haber sido mucho más popular en Alemania y el Reino Unido de lo que nunca lo fue en Estados Unidos. Tal vez sea el momento de cambiar las cosas y de convertir el baile de los huevos en un evento anual para tu reunión del Ostara. El concepto es sencillo. Llena una zona (preferiblemente exterior, en el jardín) de huevos desperdigados por ahí, y después baila en esa misma zona mientras tratas de no destruir los huevos. Hay muchas canciones «primaverales» divertidas que van muy bien con esta actividad, como *O' She Will Bring* de Alice Di Micele, prácticamente cualquier versión de *Lord of the Dance*, u *Ostara (Spring Song)* de Lisa Thiel.

¡Sal de casa y ve a algún sitio!

Las excursiones de primavera son geniales, porque te dan la oportunidad de salir y pasar el rato lejos del lugar donde tal vez sientas que te has pasado demasiado tiempo durante los meses de invierno. Si se trata de un día frío o lluvioso, opta por alguna idea en lugares cerrados, como galerías de arte, museos, acuarios, o un planetario si tienes la suerte de que haya uno cerca de ti. Los planetarios suelen tener espectáculos especiales o exhibiciones que explican más sobre el equinoccio y cómo funciona.

En los días más cálidos y soleados, un viaje al zoo de la zona no solo te servirá para salir al exterior, sino que te ayudará a entrar en contacto con una clase de naturaleza completamente diferente a la que suelas estar acostumbrado. Pásate algún tiempo examinando de verdad a los animales. Utiliza todos tus sentidos para conocer mejor a estos animales. Observa cómo interactúan entre ellos y con su entorno. Tal vez hasta interactúen contigo. Escucha cómo se comunican. Probablemente no te suponga mucho problema llegar a oler a algunos de ellos, pero con otros será mucho más difícil o casi imposible saber a qué huelen. A menudo, durante la primavera, los zoos hacen exhibiciones de animales bebés con sus madres. Aunque algunas personas están completamente en contra de la idea de los zoos y de mantener a estos animales en cautividad, algunos están especializados y solo albergan a animales con necesidades especiales que no serían capaces de sobrevivir mucho tiempo en su propio hábitat natural. Esos zoos suelen tener programas de adopción de animales a través de los cuales puedes donar dinero para el cuidado de cierto animal o especie. Tal vez esta sea una forma de colaborar con la vida y de hacerle un favor a alguien.

Algunas personas tal vez no tengan un zoo cerca, pero sí alguna clase de granja que se pueda visitar. Hasta los animales domesticados son parte de la naturaleza, y una forma de entrar en contacto con tu lado instintivo. Tal vez vivas cerca de una granja más exótica. Por ejemplo, puede que cerca de ti haya un rancho de avestruces, llamas o alpacas que esté abierto al público. Cada uno de estos lugares te proporcionará una experiencia diferente, y es muy probable que te enseñen algo completamente nuevo.

La primavera es la época en la que los mercados de los granjeros comienzan a abrir. Tu ubicación dictará lo que haya disponible en el mercado de tu zona. Muchos comienzan la primavera con muy pocas verduras, pero suele haber otros productos como huevos, carnes, queso y vino. Los mercados de granjeros también pueden ser muy educativos, incluso algunos ofrecen actividades didácticas, como demostraciones, que pueden estar programadas a lo largo del día.

Incluso aunque el tiempo no sea perfecto, puedes salir al exterior. ¿Cuándo fue la última vez que jugaste bajo la lluvia? Coge unas botas de agua, un chubasquero y un paraguas si lo necesitas, pero sal de casa y disfruta del elemento agua mientras cae a tu alrededor. En lugar de evitar esos charcos en el suelo, da un gran salto y aterriza justo en mitad de uno de ellos. Salpica a la gente a tu alrededor, siempre que se trate de gente a la que conozcas y no de completos desconocidos, ¡tal vez a estos no les haga mucha gracia! Márcate un Gene Kelly y ponte a bailar y cantar bajo la lluvia. Ni siquiera se te tiene que dar bien lo de bailar y cantar, ¡tú hazlo y ya está! Libérate lo suficiente como para pasarlo bien y disfrutar del agua mientras cae a tu alrededor. Recuerda que el agua limpia las cosas viejas, la suciedad y la mugre, haciendo espacio para un comienzo nuevo y limpio. El agua también es esencial para la supervivencia de todas las cosas vivas. Aunque necesitamos tomar agua para sobrevivir, tal vez nos demos cuenta de que jugar con ella también es vital para nuestra propia existencia. En esta época de renovación y rejuvenecimiento, deja que la naturaleza siga su curso y haga su trabajo, limpiando lo que necesitas que desaparezca para que puedas comenzar renovado y refrescado. Si eres lo bastante valiente, prueba a cantar y bailar bajo la lluvia en público. Tal vez te sorprenda lo contagiosa que puede ser esta acción tan simple.

Aunque todas estas actividades son ideales para ponerte en marcha esta primavera, en realidad las puedes realizar en cualquier momento. Sin embargo, los temas asociados con cada una de ellas hacen que sean ideales (sobre todo si eres un padre o madre criando a sus hijos en un entorno pagano) para el renacimiento de la naturaleza y de la tierra que tienen lugar en el Ostara.

Formas paganas de celebrar el Ostara

Para el propio día del Ostara, lo más probable es que quieras hacer alguna clase de ritual. Como hemos dicho antes, durante el ritual es un buen momento para bendecir las semillas que quieres sembrar y plantar a lo largo del año; tanto semillas literales de comida y/o de flores, como semillas figuradas mentales, espirituales o incluso físicas. Pero hay otros aspectos de tu ritual o celebración que tal vez quieras incluir también.

Las meditaciones siempre se pueden incluir en un ritual o realizarse antes o después de este. Hay muchas meditaciones guiadas con las que puedes trabajar, o también puedes crear la tuya propia u optar por una meditación silenciosa sobre el tema que hayas elegido. También te mostramos unas cuantas meditaciones más adelante en este libro.

Muchos de los que celebran el Ostara todavía honran a la diosa Eostre. Entre sus símbolos están los conejos, los huevos y los pollos, junto a otras crías de animales. Estos símbolos son representación de la fertilidad, y no solo de la fertilidad de la tierra y los animales, sino también la fertilidad de la mente.

En el Ostara se suelen utilizar los colores pastel, ya que son los colores que vemos en el mundo natural a nuestro alrededor, cuando la vegetación comienza a crecer otra vez y florece. La hierba reciente es de un color claro, no el color oscuro que vemos después de varias lluvias y largos días de sol. Las flores que brotan primero a través de la nieve normalmente son blancas o de un tono más claro. No se ven rosas de un rojo intenso floreciendo durante el Ostara, pero sí que podrías encontrar azafrán y narcisos. Estas son de lejos las decoraciones más comunes para el Ostara. Esta celebración tiende a centrarse en la llegada de la primavera, el despertar de la tierra y el renacimiento de nuevos proyectos o ideas.

Como el símbolo de los cascarones es tan popular, ahora es el momento perfecto para las cazas de huevos, ya sean huevos reales y pintados, o huevos de plástico llenos de caramelos, dinero y/o juguetes pequeños. Las cazas de huevos no tienen que ser solo para los niños. Los adultos también pueden unirse a la diversión con huevos diseñados especialmente para ellos. Los huevos de plástico se pueden llenar de trocitos de papel que contengan citas, afirmaciones o bendiciones específicas, como que «el que encuentre este huevo sea bendecido con la prosperidad».

Colorear huevos es otra actividad divertida. Hoy en día hay a la venta literalmente docenas de equipos para colorear huevos, con motivos que van desde personajes de dibujos animados específicos hasta huevos con purpurina, tonos metálicos o colores pastel. Los niños pueden colorear los huevos con una multitud de colores y estilos diferentes. Tal vez quieras probar con un enfoque más tradicional y utilizar alimentos y plantas para crear tus propios colorantes naturales. Puedes encontrar instrucciones sobre cómo hacerlo en internet. Incluso utilizar pintura de manualidades corriente puede dar a tus huevos un aspecto más especial y único que los que se pueden comprar por ahí, y utilizar pinceles para decorar los huevos implica más creatividad que simplemente meter el huevo en una taza para que su cáscara se empape de algún color.

Algunas tradiciones neopaganas se centran más en el aspecto del equinoccio. La antigua imagen de la balanza se puede utilizar como símbolo, ya que se trata de un momento en el que el día y la noche están en equilibrio el uno con el otro. También es una fantástica ocasión para trabajar en evaluar tu propia vida y ponerla en equilibrio. En el aspecto mágico del equinoccio, todas las cosas entran en armonía en este momento, no solo el día y la noche, o la luz y la oscuridad. Todas las cosas y sus contrapartes se unen en equilibrio, el yin y el yang. Hacemos el cambio desde la mitad pasiva del año hasta la mitad activa del año. La mitad oscura del año a menudo trata con la muerte y la decadencia, pero la mitad luminosa trae vida y crecimiento. Los trabajos pasan de ser internos a ser externos. Durante la mitad oscura del año, nuestras vidas se contraen y se encogen, y tendemos a vivir en lo que parece ser un mundo más pequeño, pues permanecemos dentro de casa más a menudo, no viajamos tanto y, en general, pasamos menos tiempo con la gente que no vive en nuestro propio hogar. Ahora, con el equinoccio, la nueva luz y los días que pronto se volverán más largos, nuestras vidas se expanden y crecen, el mundo vuelve a hacerse más grande a medida que viajamos más lejos de nuestro hogar, y hacemos más planes para salir de casa, hacer cosas nuevas y visitar nuevos lugares.

En cualquier caso, hay quien ve el equinoccio como el verdadero comienzo de la supremacía del sol sobre la noche. Después de este día, habrá más luz que oscuridad hasta que llegue el equinoccio de otoño. Por lo tanto, es una celebración de la victoria de la luz sobre la oscuridad. Los símbolos del sol suelen ser una parte de esta celebración, que nos recuerda la fuerza creciente del astro rey y que nosotros también podemos volvernos más fuertes cada día si así lo decidimos. A veces, cuando tratamos de hacer cambios positivos en nuestras vidas y trabajar en nosotros mismos, ayuda saber que hay otros en el mismo barco que nosotros, con idéntico propósito. Durante el equinoccio, no solo hay más gente trabajando en su empoderamiento, sino que el propio sol también lo está haciendo. No estamos solos en nuestra misión por volvernos más fuertes, tenemos a uno de los mayores aliados trabajando justo a nuestro lado.

La miel y el jarabe de arce son dos símbolos más que se utilizan en el Ostara. Los dos elementos se pueden utilizar como ofrendas para cualquier deidad con la que estés trabajando. En primavera, las abejas se despiertan de su hibernación, y la producción de miel comienza otra vez. Y, también en primavera, mientras los días se vuelven más cálidos, la savia comienza a correr en los árboles otra vez. Se puede abrir agujeritos en los troncos y recoger savia que se puede hervir para convertirla en jarabe. Los arces azucareros son los mejores árboles para hacer jarabe, aunque también es posible hacerlo con otra clase de arces.

Aunque tal vez no quieras criar a tus propias abejas ni hacer tus propios agujeros a los árboles, o puede que ni siquiera tengas árboles que utilizar, puedes comprar miel y jarabe fácilmente en prácticamente cualquier tienda. Las tiendas de comida saludable también ofrecen versiones orgánicas de ambas cosas. Derramar miel o jarabe en el suelo alrededor de las zonas de cosecha es una ofrenda excelente a las deidades para asegurarte de que la tierra se mantendrá fértil y la cosecha será copiosa más adelante. Si eres de esas personas a las que les gusta trabajar con seres feéricos, también puedes dejar cuencos de miel o jarabe como regalos para ellos.

La mariposa es otro símbolo del Ostara. Las mariposas pasan por una gran transformación para existir. Como oruga pequeña y peluda, se convierte en un capullo hasta la primavera, cuando es capaz de luchar para salir de su capullo y estirar las alas para disfrutar de su nueva vida. La mariposa funciona como símbolo en varios sentidos diferentes. En primer lugar, la mariposa se puede comparar con el dios que se está preparando para renacer. El capullo es el útero de la diosa, donde el dios espera hasta que sea su momento de salir adelante. La mariposa también funciona como símbolo para cualquiera de nosotros que tenga un proyecto relacionado con empezar de nuevo. La mariposa es capaz de comenzar una vida completamente diferente cuando sale de su capullo (y, en esta ocasión, ¡hasta tiene la oportunidad de tener una vida con alas!). Cuando salimos del capullo del invierno, también podemos elegir empezar nuestras vidas de cualquier forma que queramos (tal vez a nosotros no nos salgan alas, pero ya captas la idea). Estamos saliendo de nuestro propio capullo, y estamos preparados para extender nuestras alas figuradas y alzar el vuelo.

El cordero es otro animal en su etapa de cría que tiene un fuerte significado durante el Ostara. Estamos entrando en el primer signo del zodiaco, Aries, que por supuesto está representado por el carnero. El cordero se podría ver como el joven dios, que algún día se convertirá en un carnero fuerte y poderoso. Las ovejas macho golpean entre ellos sus cabezas y cuernos, al igual que hacen sus parientes las cabras, para mostrar quién es el más fuerte. Tanto en la historia reciente como la antigua, el cordero era a menudo objeto de los sacrificios para los dioses. En la tradición judía, era la sangre del cordero la que había que colocar en la puerta durante la Pascua para que sus hijos estuvieran a salvo de morir. En la tradición cristiana, el cordero sacrificado se conecta con Jesucristo, a quien se suele llamar «el cordero de Dios», es decir, el sacrificio de Dios. El cordero lleva miles de años asociándose con esta época del año.

Mientras que los cristianos y los seguidores de algunos dioses veían este momento como una época de sacrificio, por lo general ese no suele ser el ambiente en la mayoría de las celebraciones paganas. Nosotros tratamos con el sacrificio en el lado opuesto de la rueda. Ahora nos concentramos en la luz que regresa, y en la vida renovada que ha venido debido al sacrificio anterior, pero el propio sacrificio no es el elemento principal. En lugar de eso, nos centramos enormemente en esos aspectos de renovación, resurrección, rejuvenecimiento y renacimiento. Miramos adelante, hacia el futuro. El pasado, pasado está y se ha quedado detrás de nosotros, y ya nada puede cambiarlo; tan solo podemos seguir avanzando hacia delante y decidir cuáles van a ser nuestras acciones a partir de ahora. No podemos volver atrás y cambiar cómo se hicieron las cosas en el pasado, simplemente debemos aprender a aceptarlas y vivir con ellas, ya sean cosas buenas o malas, correctas o incorrectas, y usar nuestras experiencias vividas para ayudar a dar forma a nuestras decisiones y elecciones futuras.

HECHIZOS Y ADIVINACIÓN

...ginnings, birth, renewal, rejuvenation, balance, fertility, ...

...ngth, vernal equinox, sun enters Aries, Libra in the ...

...reen Man, Amalthea, Aphrodite, Blodeuwedd, Eostre ...

...Flora, Freya, Gaia, Guinevere, Persephone, Libera ...

...et, Umaj, Vela, Aengus Mac Og, Cernunnos, Herma, ...

...ra, Mabon Osiris, Pan, Thor, abundance, growth, heal ...

...healing, patience understanding virtue, spring, honor, co...

...abilities, spiritual truth, intuition, receptivity, love, in...

...vement, spiritual awareness, purification, childhood, inn...

..., creativity, communication, concentration, divination, ...

...ities, prosperity, attraction, blessings, happiness, luck, ...

...guidance, visions, insight, family, wishes, celebrating ti...

...dship, courage, attracts love, honesty, good health, emo...

...provement, influence, motivation, peace, rebirth, self pe...

...ine power, freedom, optimism, new beginnings, vernal eq...

...ation, sun, apple blossom, columbine, crocus, daffodil, ...

..., honeysuckle, jasmine, jonquil, lilac, narcissus, orange b...

...se, rose, the fool, the magician, the priestess, justice, t...

Como ocurre con todos los sabbats, cada uno de ellos supone el momento ideal para trabajar con diferentes energías para provocar un cambio. En su más pura esencia, un hechizo es simplemente una forma de hacer que ocurra un cambio, de modo que los hechizos de esta sección van a tratar de ayudar a hacer que se manifiesten ciertos cambios en tu vida que trabajen con las energías del Ostara y el equinoccio. También vamos a mirar qué clase de preguntas es buena idea hacer en esta época durante tu trabajo de adivinación.

Aunque el Ostara trata sobre los nuevos comienzos, a veces, comenzar de nuevo es una de las cosas más difíciles que nos podemos imaginar hacer. Comenzar un trabajo nuevo, empezar una vida sin un cónyuge o una pareja, o empezar una vida con un nuevo cónyuge o pareja son procesos de cambio difíciles, incluso aunque sepas que el cambio es para mejor. A veces, aunque sepamos que algo pueda ser para bien, no es más fácil lidiar con ello. La mayoría de nosotros nos enfrentamos al cambio, es un instinto natural que a menudo lo único que consigue es que nos frustremos. Incluso aunque el cambio sea algo que queramos, puede ser difícil ajustarnos a ello, pero cuando el cambio es algo que no queremos, puede ser realmente sofocante tener que hacerle frente.

Este hechizo de la vela te ayudará a relajar la mente lo suficiente como para abrirla a las nuevas posibilidades que este nuevo cambio podría presentar, y por lo tanto te ayudará a aceptar mejor la transformación que está teniendo lugar.

Hechizo para ayudarnos en cambios difíciles

Para este hechizo vas a necesitar dos velas, una negra y otra azul, y algo con lo que encenderlas. También necesitarás un lugar en el que puedas estar a solas, trazar un círculo y tener la llama de las velas más o menos a la altura de los ojos. Debería ser un lugar seguro para encender velas, donde no corras el riesgo de dormirte. Si es posible, deberías realizar el hechizo en el exterior.

Coloca las dos velas la una junto a la otra; la negra a la izquierda y la azul a la derecha. Traza tu círculo tal como lo harías normalmente, y después siéntate o quédate en pie delante de ambas velas.

Tómate un momento para respirar hondo varias veces y vaciar tu mente de cualquier otro pensamiento, particularmente si ya te genera estrés el cambio con el que quieres trabajar aquí. Relájate todo lo que puedas mientras sigues centrándote en cuál es el problema, pero siéntete distanciando de él.

Enciende la vela negra. Mientras lo haces, recita en voz alta o para ti mismo lo siguiente:

> *La confusión, el dolor y el estrés que siento*
> *se queman dentro de esta llama.*
> *El cambio al que me enfrento está hecho para mí,*
> *nadie puede llevar esta carga.*

Pásate algún tiempo mirando fijamente la llama de la vela. Proyecta tu dolor, tristeza, confusión, estrés, furia y cualquier otra emoción negativa que puedas tener respecto a este cambio en la llama de esa vela. Imagina que esos sentimientos se queman en la llama y se convierten en nada más que humo que desaparece en el aire. Pasa tanto tiempo como necesites haciendo esto. Cuando creas que has terminado, tómate unos pocos momentos simplemente para relajarte. Mira si hay más de esos sentimientos que salen a la superficie y, si es así, vuelve a proyectarlos de nuevo en la vela. Date un par de descansos y comprueba tu «nivel de estrés» cada vez que lo hagas. Una vez te des cuenta de que de verdad te sientes un poco mejor, sigue adelante y pasa a la siguiente parte del hechizo.

Enciende la vela azul y recita:

Avanzando y caminando hacia delante,
los cambios se deben hacer.
El pasado se ha acabado y se aleja,
de mi mente va a desaparecer.
El futuro es lo que importa ahora,
necesito que mis fuerzas aumenten
para hacer los cambios que necesito
y permitir que se asienten.

Ahora, mira fijamente la llama de la vela azul. Imagina reacciones positivas y resultados de cualesquiera que sean esos cambios. Mantén todo lo negativo fuera. Si algún pensamiento negativo se abre camino, mira de nuevo hacia la vela negra y envíalo a esa llama. Mantén todos los pensamientos positivos fluyendo hacia la llama de la vela azul, donde se quedarán absorbidos por el fuego y después se dispersarán al universo. Mantén los pensamientos negativos fluyendo hacia la vela negra, donde se quemarán y se destruirán. Pasa de una vela a otra todas las veces que consideres necesarias. Cuando todas las emociones negativas hayan desaparecido y sientas que estás preparado para enfrentarte a este nuevo desafío, vuelve a mirar la vela negra y recita:

Pensamientos negativos, no os necesito.
Os limpio y os libero en el aire.

Apaga de un soplo la vela negra, permitiendo que los sentimientos se vayan flotando. Después, vuelve a mirar la vela azul y recita:

Estos cambios que hago son para mejor.
Os acepto y os libero a mi alrededor.

Sopla la vela azul con suavidad, permitiendo que la energía positiva se quede contigo en la habitación e inunde el aire.

Tal vez necesites realizar este hechizo varias veces para librarte por completo de los sentimientos negativos asociados con el cambio que tienes que hacer. Los cambios pequeños no te llevarán tanto tiempo, pero los cambios más duros y difíciles podrían requerir que realices este hechizo cada noche durante un par de semanas, hasta que sientas que tienes las cosas más bajo control. Entonces, puedes pasar a hacerlo una vez a la semana, después una vez cada dos semanas, más tarde una vez al mes, y, por último, solo si sientes que esos sentimientos están tratando de volver a aparecer. Si hay más de un cambio ocurriendo al mismo tiempo, puedes trabajar en varios a la vez, tan solo ten cuidado de no abrumarte demasiado, sobre todo al principio. Si empieza a parecer que son muchas cosas con las que lidiar al mismo tiempo, entonces divide esos cambios en varias sesiones separadas hasta que tengas la fuerza suficiente como para enfrentarte a todas ellas al mismo tiempo. Por ejemplo, para cuando hayas bajado el ritmo a una vez al mes, deberías ser capaz de combinar varias cosas si hace falta, y trabajar en todas ellas al mismo tiempo. Pero, si no puedes con tantas cosas a la vez, no te preocupes. Cada persona lidia con el estrés de forma diferente, así que asegúrate de que haces lo que funciona mejor para ti.

Hechizo para restaurar el equilibrio en tu vida

A menudo, nuestras vidas se vuelven completamente frenéticas y fuera de control. Para mucha gente, eso ocurre durante las vacaciones de invierno, y volver a poner la vida en equilibrio puede parecer imposible. No comemos bien. No dormimos bien. Puede que no hagamos suficiente ejercicio. Puede que hayamos dejado que nuestra espiritualidad se quede en un segundo plano. Puede que hayamos dejado muchas cosas en un segundo plano. Aunque este hechizo se puede realizar en cualquier momento, encaja muy bien con la primavera por sus conexiones con la renovación. También es muy acorde al equinoccio, por su aspecto de restaurar el equilibrio. ¿Qué mejor día para restablecer el equilibrio en tu vida que el día que la naturaleza está más en armonía?

Para este hechizo, necesitarás reunir unas cuantas cosas de antemano. Tendrás que crear una mezcla de inciensos en polvo con varias hierbas y resinas diferentes, así que también necesitarás un mortero, un recipiente ignífugo (tal vez tu caldero), dos pastillas de carbón y un mechero. Las hierbas y resinas que necesitas son angélica, albahaca, salvia, asperilla dulce, verbena, milenrama, consuelda, camomila, incienso de la planta Boswellia y mirra. No hace falta mucha cantidad, tan solo una cucharadita de cada una está bien por el momento, o también puedes emplear una cucharada sopera de cada una y guardar un poco para futuras recargas.

Además necesitarás dos trozos de ámbar. Pueden ser piedras de ámbar, o bien fragmentos de ámbar engarzados en joyas; lo ideal serían unos pendientes, ya que van en pares y se coloca uno a cada lado del cuerpo, creando equilibrio. También puedes utilizar dos anillos (uno para cada mano) o dos pulseras (una para cada muñeca), pero, si puedes, intenta no utilizar un collar. Si estás empleando joyas, el oro es preferible a la plata en este caso. Podrás volver a realizar este hechizo cada vez que necesites recargarte, utilizando las mismas joyas con ámbar. También necesitarás dos velas verdes.

Comienza reuniendo todos tus ingredientes. Tal vez quieras crear un círculo en el que hacer tu trabajo de preparación, pero eso depende por completo de ti. Algunas personas pueden hacer su trabajo de preparación y el hechizo en sí mismo en un solo lugar y otras no, así que simplemente haz lo que te funcione mejor a ti. Utilizando el mortero, tritura y mezcla todas las hierbas y resinas. No es muy fácil triturar resinas, así que algunas personas utilizan picadoras eléctricas solo para este propósito. Si optas por eso, asegúrate de utilizar una solo para tus trabajos mágicos. No utilices la misma picadora que empleas para la comida, con el objetivo de evitar la contaminación cruzada en cualquier dirección, tanto física como mágica.

Cuando tu incienso esté terminado, prepara tu zona de altar con el recipiente ignífugo en el centro, un recipiente que contenga el incienso a un lado, y el ámbar al lado contrario. Coloca una vela verde a cada lado del recipiente ignífugo para crear equilibrio. Invoca tu círculo si no lo has hecho antes de preparar el incienso, e invoca a cualquier deidad con la que quieras trabajar. Enciende las pastillas de carbón en el recipiente ignífugo. Tienes que utilizar dos porque este hechizo trata sobre el equilibrio, y también porque ayuda mucho a la hora de quemar el incienso. Si solo empleas una pastilla de carbón, tendrás una zona de quemado mucho más pequeña, y a menudo gran parte del incienso se quedará en el caldero sin quemarse. Dale tiempo al carbón para que se vuelva rojo por completo y esté cubierto de ceniza.

Enciende la vela verde del lado izquierdo del altar y recita:

A veces, la vida se descontrola.
Es mi tarea volverla a enderezar,
conseguir un equilibrio en este día
de oscuridad y luz por igual

Enciende la vela verde del lado derecho del altar y repite:

A veces, la vida se descontrola.
Es mi tarea volverla a enderezar,
conseguir un equilibrio en este día
de oscuridad y luz por igual

Tras eso, añade:

Mientras enciendo estas velas,
una a cada lado,
mi viaje vuelve a comenzar.
Restaurando el equilibrio,
paso a paso,
colocando mi vida en su lugar.

Toma un pellizco pequeño de incienso y espolvoréalo encima de las pastillas de carbón encendidas. Mientras lo haces, recita:

Devuelve el equilibrio a mi vida
y crea una armonía
para que todas las partes de mi existencia
vivan juntas en sintonía.
Con estas intenciones,
deja esta piedra cargada,
de forma que mi vida
vuelva a estar equilibrada.

Mientras el humo se eleva en el aire, coge un trozo del ámbar y hazlo pasar a través del humo, con lentitud, en un movimiento circular en el sentido de las agujas del reloj. Espolvorea el incienso con tu mano no dominante y sujeta el ámbar con tu mano dominante.

A menudo trabajamos con grupos de tres al hacer magia, pero, como este hechizo en particular trata del equilibrio, queremos que todo lo relativo al hechizo también esté bien equilibrado. De modo que, en lugar de utilizar tres pellizcos de incienso y recitar lo que tenemos arriba un total de tres veces, vamos a hacerlo todo seis veces. De esta manera, estamos utilizando igualmente un múltiplo de tres, y aun así lo mantenemos todo equilibrado con un número par, y no desequilibrado con un número impar.

Después de haber recitado lo de arriba una vez y de hacer tu círculo a través del humo, utiliza otro pellizco de incienso y haz otro pase con el ámbar. Continúa haciéndolo hasta un total de seis veces. Después de terminar con el primer trozo de ámbar, vuelve a colocarlo sobre el altar y repite todo el proceso con el segundo trozo.

Cuando termines las seis rondas con el segundo trozo, vuelve a colocarlo también sobre tu altar.

Coge la vela del lado derecho y sujétala lo bastante cerca de tu boca como para poder apagarla de un soplo. Recita:

La magia obrada aquí hoy
pone en movimiento
un nuevo camino.
Empujo desde todos mis lados,
para equilibrarlo todo,
y con el caos termino.
Libero esta magia con la brisa,
al cuidado de la Diosa,
que así sea.

Despacio, sopla para apagar la llama de la vela y visualiza la magia siendo liberada y arremolinándose en el aire, en su viaje hacia el universo. Coge la vela del lado izquierdo del altar y repite exactamente lo que has hecho con la primera vela, recitando las palabras de arriba, soplando la llama y visualizando la magia siendo liberada al universo. Después, cierra tu círculo.

Deshazte de las cenizas de tu recipiente ignífugo. Si tienes un arroyo cercano, este sería el lugar más apropiado para tirarlas, pero también puedes enterrarlas. Si todavía hay trozos de hierbas o resinas que no se han quemado, entiérralos en un lugar donde no vayas a plantar nada. Algunas personas tienen una pequeña sección de su jardín (basta con un metro cuadrado) o una maceta especial que solo contiene tierra para enterrar sus trabajos mágicos.

Ponte las joyas para ayudar a poner tu vida en equilibrio. Si has utilizados piedras de ámbar, guarda una en cada bolsillo, a ambos lados de tu cuerpo, para mantenerlas en equilibrio entre ellas. Si crees que es necesario, también puedes repetir este hechizo en el equinoccio de otoño.

Hechizo de atracción para el amor de la primavera en el aire

Con la primavera y el amor zumbando en el aire por todas partes, este hechizo es literalmente como clavar una red para mariposas en mitad de todo para ver lo que puedes atrapar. No es cuestión de ver una mariposa en particular y tratar de atraparla, sino de sacar la red para ver cuál es lo bastante curiosa como para ir a ver qué hay. Es mejor realizar este hechizo en el exterior, porque ensucia un poco y porque quieres enviar tus intenciones todo lo lejos que puedas.

Para este hechizo, necesitarás purpurina roja y rosa, al menos media taza de cada una, pero utiliza más si puedes (el rojo es por el amor, la lujuria, la pasión y el valor; el rosa es por la compasión, la ternura, la armonía, el afecto y también el amor). También necesitarás un par de rosas frescas, rojas y rosas.

Para preparar el ritual, arranca con cuidado cada pétalo de las rosas y mézclalos en un cuenco grande. A continuación, añade la purpurina y mezcla un poco ambas cosas con las manos, de forma cuidadosa. No debes dañar o estropear los pétalos de las rosas, y la mayor parte de la purpurina se quedará separada, pero si consigues que al menos un poco de la purpurina se pegue a algunos de los pétalos, sería estupendo. Si quieres, antes de añadir la purpurina, puedes rociar los pétalos de rosa con un poco de agua para ayudar a que se pegue la purpurina.

En cuanto lo tengas todo preparado, traza un círculo invocando bien a los dioses griegos Afrodita y Eros, o a sus equivalentes romanos Venus y Cupido.

Sostén el cuenco frente a ti y recita:

(Nombre de las deidades escogidas),
bendecid estos pétalos e infundidles vuestro poder.
Ayudadlos a que me ayuden en la búsqueda del querer.
Encontrad a la persona destinada a mí y enviadla a mi camino,
para que venga a mi vida y cumplamos nuestro destino.

Te darás cuenta de que en este hechizo no estamos pidiendo una persona específica ni una cualidad específica. Estamos pidiendo al Dios y a la Diosa en quienes confiamos que encuentren a quien consideren apropiado para lo que estamos buscando, y que le den a esa persona un empujón en la dirección adecuada. Los hechizos de amor jamás deberían realizarse pidiendo que una persona específica se enamore de ti. Eso va en contra del libre albedrío de esa persona, y es simplemente poco ético. Cupido y Eros saben lo que están haciendo, y dirigirán sus flechas a donde tengan que ir.

Esta es la parte del hechizo que se pone divertida, incluso aunque sientas que estás haciendo un poco el ridículo. Es primavera, el amor está en el aire, ¡y eso significa que no pasa nada por hacer un poco el tonto! Tienes que continuar repitiendo las dos últimas líneas del hechizo:

Encontrad a la persona destinada a mí y enviadla a mi camino,
para que venga a mi vida y cumplamos nuestro destino.

Mientras recitas estas dos líneas, ponte a bailar, coge con las manos puñados de pétalos y purpurina y lánzalos al aire, tan alto como puedes. Lo más probable es que te llenes de purpurina, pero oye, que es purpurina, así que no pasa nada. Lanza los pétalos y las purpurinas en todas las direcciones: arriba, al norte, al sur, al este y al oeste. Gira y lánzalos, tíralos bien por todas partes. Cuando termines, recita:

(Nombre de las deidades escogidas),
en vuestro nombre, pido que este amor venga a mí.
Si os parece bien, que sea así.

A continuación, cierra el círculo. ¡A lo mejor también necesitas lavarte la ropa y darte una ducha!

Huevos benditos

Como ocurre con los cascarones, los huevos benditos son huevos vaciados y rellenos de hierbas, aceites y cualquier cosa que quieras utilizar para simbolizar una bendición que quieras o bien recibir tú, o bien dársela a otra persona. Para comenzar, haz dos agujeros en el huevo, uno en cada extremo. Uno de ellos puede ser pequeño, pero el otro tiene que ser lo bastante grande como para poder rellenar el huevo después (pero no te pases de grande). Sujeta el huevo sobre un cuenco y sopla por el agujero pequeño para sacar la yema y la clara por el agujero más grande. Una vez esté vacío, limpia el huevo por dentro con cuidado. Utilizando las correspondencias del Ostara que tienes al final de este libro, escoge hierbas, flores, aceites e incluso purpurina de colores que representen lo que estés buscando. Por ejemplo, si necesitas ganar más dinero en tu carrera profesional, podrías incluir purpurina verde y musgo de roble. Si estás haciendo un huevo para un ser querido que tiene dificultades para dormir, prueba con purpurina azul y lavanda.

Llena el huevo todo lo que puedas y utiliza un trozo pequeño de cinta adhesiva para cubrir el agujero grande de ese extremo. A continuación, deberías pintar y decorar el huevo de forma que se corresponda también con la bendición que quieres dar o recibir. Puedes utilizar pinturas de manualidades corrientes para pintar los huevos y añadir palabras, símbolos o runas que aumenten su poder. Por ejemplo, un huevo para el dinero se puede pintar de verde, y puedes añadir las palabras «dinero» y «abundancia», así como el símbolo €.

En cuanto hayas terminado los huevos, colócalos en tu altar durante tu ritual del Ostara. Tómate un momento durante el ritual para pedir a tus deidades que bendigan los huevos y también a ti (o a un ser querido) con lo que les estás pidiendo. Si has hecho el huevo para otra persona, dáselo después de haber terminado el ritual. Tanto tú como tu ser querido podéis decidir entonces si queréis exhibir el huevo en un lugar donde lo podáis ver a menudo, o «plantarlo» para que las bendiciones puedan crecer enterrándolo en alguna parte; puede ser en un huerto o un jardín de flores, o incluso en una maceta si no tienes espacio para un jardín. Si quieres, hasta puedes hacer dos huevos idénticos: uno para exhibirlo y recordar lo que has pedido, y otro para plantarlo, para que pueda crecer.

Limpieza y adivinación con huevos

Esta limpieza es más fácil de hacer si tienes la ayuda de alguien, sin embargo, puedes hacerla igualmente por tu cuenta. Comienza llenando un vaso transparente con agua bendita o agua de luna. Colócalo sobre tu altar y añade unas pocas gotas de tu aceite de protección favorito. Coloca también en tu altar un huevo fresco y sin romper. Puedes colocarlo sobre un trozo de tela, como una bufanda, para impedir que se vaya rodando.

Invoca tu círculo e invita a entrar a tus deidades. Sujeta el vaso de agua entre las manos y pide protección a tus deidades, para la limpieza y para ayudarte a ver con claridad. Vuelve a colocar el vaso sobre tu altar, y después haz lo mismo con el huevo. También mientras sujetas el huevo, pide a tus deidades que le permitan absorber cualquier negatividad que pueda haber.

Cuando hayas terminado, coge el huevo y hazlo rodar por tu coronilla. A continuación, hazlo rodar por tu cara, el cuello, cada brazo, el pecho, el torso, la espalda, y la parte de delante y de atrás de cada pierna. Por último, haz rodar el huevo por cada palma y las plantas de cada pie. Asegúrate siempre de hacer rodar el huevo hacia abajo, en dirección al suelo. ¡Aquí es donde sería útil tener ayuda! Si trabajas con un compañero o compañera, túmbate mientras te pasa el huevo por todo el cuerpo, y después date la vuelta y deja que repita el proceso. Cuando sea su turno, haz lo mismo con la otra persona (por supuesto, ¡con un huevo nuevo!).

Después de hacer rodar el huevo por todo tu cuerpo, rómpelo de inmediato y vierte su contenido en el agua. Tómate un momento para observar el huevo. Presta atención al olor, el color, cualquier forma que tome, y si hay sangre presente o no. Si hay mal olor, sangre o agua turbia, es señal de que hay un problema, y por lo tanto tendrías que hacer más trabajo de limpieza y protección.

Mira con atención la yema; si hay alguna de las otras señales presente, podría aparecer una cara en ella. Es la cara de la persona que tiene malos deseos hacia ti. Tienes que tener cuidado con esa persona, perdónala y trabaja en tus limpiezas y tus protecciones.

Si en la yema aparece un ojo, se trata del infame «mal de ojo», y nuevamente tendrás que trabajar en tus limpiezas y protecciones. Puedes realizar la limpieza del huevo varias veces, hasta que el huevo salga con aspecto normal.

Si ves burbujas pequeñas en el agua, esto significa que tus guardianes han estado trabajando para ti y ya se han ocupado del problema. Asegúrate de mandarles tu agradecimiento, y después restablece tus protecciones.

Si el agua es transparente, no hay sangre presente y tampoco malo olor, eso significa que no ha habido ningún trabajo mágico en tu contra. Continúa y reinicia tus protecciones, y da las gracias a tus deidades por su ayuda y su protección. Encuentres lo que encuentres dentro de tu huevo, llévalo fuera de casa y entiérralo en el suelo. No deberías hacerlo en una maceta, a menos que sea una extremadamente grande, porque no solo es posible que empiece a oler, sino que animales como zarigüeyas, mapaches o incluso coyotes podrían sentirse atraídos por su olor y ponerse a escarbar.

Adivinación con ovomancia

Esta práctica es el arte de la adivinación con huevos, y viene de la palabra latina *ovum,* que significa «huevo», y la palabra griega *manteia,* que significa «adivinación».

La forma de adivinación con huevos más común comienza separando la clara de la yema, y después vertiendo la clara con rapidez en agua muy caliente para interpretar las formas que aparecen. La mejor forma de hacer esto es dejar que el agua comience a hervir y después apartarla del fuego y dejar que las burbujas cesen antes de apresurarse a añadir la clara. Cómo interpretes las formas que veas depende por completo de ti, pero recuerda mantener la mente abierta y no te limites a ver lo que deseas ver. Esta también es una adivinación buena para hacer en compañía, para poder lanzaros ideas e interpretaciones mutuamente. Lo que uno podría interpretar como el símbolo del dólar, otro podría verlo como una serpiente.

Otra forma de adivinación con huevos sirve para saber si una madre va a tener un solo bebé o varios. Coge un huevo fresco y frótalo sobre la tripa de la madre embarazada durante unos pocos minutos, y después abre el huevo en un cuenco. El número de yemas predice cuántos bebés tendrá la madre. Esto puede ser una adivinación que dé miedo a algunas personas, sobre todo si hay sangre en el huevo o la yema está rota. Estas son señales de aborto o algún otro problema con el embarazo.

Adivinación con floromancia

La floromancia es la adivinación mediante flores. Aunque hay varias clases diferentes de floromancia, no todas ellas tienen nombres específicos, como la versión que tienes aquí. No todo el mundo podrá hacer esta adivinación; depende de dónde vivas y cuál sea la flora y la vegetación de tu zona. Sin embargo, es muy fácil de llevar a cabo, y será más probable que acabes poniéndola en práctica si eres una persona que da muchos paseos. Lo único que tienes que hacer es buscar la primera flor que veas en primavera y saber el día de la semana. Si ves la primera flor de la primavera un domingo, significa que tendrás muy buena suerte durante las próximas semanas. Si la ves un lunes, tendrás buena suerte durante toda la primavera. Si es el martes cuando encuentras la primera flor de la primavera, tendrás éxito en cualquier cosa que intentes. Si encuentras la primera flor un miércoles, se acerca un matrimonio (¡no tiene por qué ser el tuyo!). La flor del jueves es una advertencia de problemas financieros, mientras que verla un viernes predice abundancia. La primera flor de primavera en sábado significa mala suerte.

Para hacer correctamente esta adivinación, tienes que buscar de verdad las flores todos los días. No puedes salir un viernes en busca de flores y después decir: «Ooooh, ¡voy a nadar en la abundancia!». Así no es como funciona, aunque, ¿no sería genial que fuera tan fácil?

Adivinación con dafnomancia

La dafnomancia combina la piromancia con las hojas de laurel para predecir el futuro. Necesitarás hojas frescas (secas no valen) de laurel para esta clase de adivinación, y también un recipiente a prueba de fuego o un fuego abierto de alguna clase (una hoguera o una chimenea). Si utilizas un recipiente a prueba de fuego como un caldero, puedes utilizar un par de pastillas de carbón como fuente de fuego. Enciende las pastillas y deja que brillen con fuerza antes de añadir unas cuantas hojas, o bien tíralas al fuego abierto, todo mientras piensas en tu pregunta. Si las hojas se prenden y chisporrotean mientras arden, significa que el momento es favorable. Si las llamas arden, se ahogan y se extinguen, o si las hojas arden en silencio sin chisporrotear, el momento no es favorable. Las llamas alzándose juntas son una buena señal. Si solo hay una llama, significa que estás actuando con firmeza, o que tal vez tengas que actuar con firmeza. Si hay dos llamas visibles, vas a necesitar la ayuda de un amigo. Si hay tres llamas, tu cuestión tendrá una conclusión agradable.

Sentarse alrededor de una hoguera y turnarse para leer las hojas ardiendo para ti mismo, tu familia y/o tus amigos puede ser una forma divertida de pasar la noche del equinoccio. Por no mencionar que las hojas ardiendo huelen muy bien.

Lectura de tarot primaveral para los cambios venideros

Esta lectura de tarot es una forma rápida y sencilla de tener alguna perspectiva sobre la clase de cambios que te aguardan esta primavera. No importa qué clase de baraja de tarot utilices, tan solo asegúrate de empezar barajando extremadamente bien, en particular si se trata de una baraja nueva. Corta el mazo en tres pilas y después escoge cuál de ellas quieres colocar arriba, en el medio y después en la parte de abajo. Elige un total de ocho cartas, en dos columnas con cuatro cartas en cada una. Trabaja de izquierda a derecha cuando coloques las cartas (no de arriba abajo). Las cuatro cartas de la izquierda serán grandes cambios o desafíos. Las cartas de la derecha te darán información sobre el resultado de cada uno de los cambios. Si tienes preguntas relativas a los cambios o los resultados, puedes utilizar cartas adicionales como clarificación hasta que sientas que tienes información suficiente.

Cuando hagas lecturas de cartas u otras clases de adivinación en esta época del año, querrás centrarte en ciertas preguntas que conecten con las energías de la temporada. Es una buena idea preguntar sobre cambios y nuevos comienzos. ¿Quieres comenzar con un nuevo proyecto o trabajo, pero no tienes claro que sea el momento apropiado? Consulta las cartas u otra fuente de adivinación con esta clase de preguntas. Otros temas sobre los que preguntar en este momento son los relacionados con la jardinería, la fertilidad, el crecimiento, la vida, la luz, el amor o cualquier otra clase de renacimiento o renovación. Hay un montón de clases de cartas oráculo en el mercado estos días (guías animales, cartas de mensajes de ángeles o de hadas...); todo el mundo tiene alguna clase de mensaje para ti. Utiliza algunos de estos mazos para averiguar más sobre cómo traer equilibrio a tu vida y qué cambios deberías estar haciendo. Las cartas de mensajes son ideales para estos propósitos, a menudo incluso más todavía que las cartas de tarot, ya que suelen proporcionar una respuesta mucho más directa.

Utiliza este momento de renovación y renacimiento para enderezar tu vida, quedarte en equilibrio y en el camino adecuado hacia una existencia feliz y saludable.

RECETAS Y ARTESANÍA

ginnings, birth, renewal, rejuvenation, balance, fertility, s
ngth, vernal equinox, sun enters Aries, Libra on the
reen Man, Amalthea, Aphrodite, Blodeuwedd, Eostr
Flora, Freya, Gaia, Guinevere, Persephone, Libera
t, Umay, Vila, Aengus Mac Og, Cernunnos, Herma,
a, Mabon Osiris, Pan, Thor, abundance, growth, heale
healing, patience understanding virtue, spring, honor, co
abilities, spiritual truth, intuition, receptivity, love, in
vement, spiritual awareness, purification, childhood, inn
creativity, communication, concentration, divination, s
ities, prosperity, attraction, blessings, happiness, luck,
guidance, visions, insight, family, wishes, celebrating li
dship, courage, attracts love, honesty, good health, emo
provement, influence, motivation, peace, rebirth, self pr
ine power, freedom, optimism, new beginnings, vernal eq
ation, sun, apple blossom, columbine, crocus, daffodil,
honeysuckle, jasmine, jonquil, lilac, narcissus, orange b
se, rose, the fool, the magician, the priestess, justice, t

Aunque prepararnos para los sabbats puede suponer mucho trabajo, también es muy divertido. Mezclar ingredientes y recursos para transformarlos de cosas corrientes a comida sabrosa o decoraciones bonitas es en sí mismo una clase de magia.

Recetas del Ostara

La comida suele estar en el centro de cualquier reunión. Comer después de un ritual ayuda a anclar a tierra a los participantes, y también ofrece un momento para comulgar en compañía con los demás. Reír, bromear, charlar y comer son cosas que van de la mano mientras la gente disfruta de un buen rato.

Estas recetas sin duda unirán a tu grupo o a tu familia en torno a deliciosos sabores. Si es posible, invita a los tuyos a cocinar contigo. Cuando se prepara una comida todos juntos, la magia aumenta todavía más.

Espárrago al vapor con limón

El espárrago es básicamente la primera planta que se puede cosechar, y está lista a principios de año, así que es perfecta para comer mientras se celebra el primer día de la primavera.

Ingredientes:
- Medio kilo de espárragos
- Limón
- Sal y pimienta (opcional).

Asegúrate de cortar los extremos duros del espárrago y coloca el resto en una vaporera. Las verduras no tardan mucho tiempo en hacerse al vapor, así que échales un ojo. Los espárragos se vuelven de un color verde más oscuro cuando están listos. Lo más probable es que solo tarden cinco minutos o así en cuanto el agua para el vapor comience a hervir. Si quieres que los espárragos estén un poco más blandos, cocínalos más tiempo. Mientras los espárragos estén humeando, ralla una cucharada de piel de limón, y después exprime el limón y mézclalo con la ralladura. Drena el agua de los espárragos y vierte la mezcla de limón sobre ello. Añade un poco de sal y pimienta si quieres.

Huevos rellenos con mostaza molida

Los huevos cocidos son esenciales para una celebración del Ostara. Prueba con esta variación de los tradicionales huevos rellenos.

Ingredientes:
- 1 docena de huevos cocidos, fríos y pelados
- 4 cucharaditas de cebolleta finamente cortada
- 4 cucharaditas de apio finamente cortado
- 4 cucharaditas de mostaza molida
- Media taza de mayonesa
- Polvo de curry al gusto.

Corta los huevos cocidos ya fríos y pelados por la mitad, por la parte larga. Saca la yema y machácala en un cuenco. Añade la cebolleta, el apio, la mostaza y la mayonesa y mézclalo todo bien.

Con una cuchara, rellena cada mitad de huevo con la mezcla. Espolvorea por encima con un poco de polvo de curry.

Quiche de diosa griega

Ingredientes:
- 6 huevos
- Media taza de leche
- 2 cucharadas de cebolla roja picada
- Un cuarto de taza de aceitunas negras picadas
- Media taza de tomates pera picados
- Tres cuartos de taza de espinacas precocidas
- Media taza de pimientos rojos picados
- Tres cuartos de taza de queso feta desmenuzado
- Una cucharadita de orégano fresco picado
- Una cucharadita de albahaca fresca picada
- Sal y pimienta al gusto
- 1 base de tarta congelada de bordes elevados (lista para hornear).

Precalienta el horno a 200 °C. En un cuenco, bate ligeramente los huevos. Añade la leche y bate durante un minuto más. Añade todos los demás ingredientes y mézclalos bien. Vierte la mezcla de huevos sobre la base de tarta y asegúrate de que los trozos de verduras y queso estén bien extendidos por toda la base. Hornea durante 35 minutos. Comprueba la quiche para asegurarte de que está firme en el centro antes de sacarla del horno.

Chuletas de cordero a la menta

Ingredientes:

- Media taza de aceite de oliva
- Media taza de menta fresca picada
- Dos cucharadas de ajo triturado

- Sal y pimienta al gusto
- 4 chuletas de cordero.

Combina el aceite de oliva, la menta, el ajo, la sal y la pimienta en una cacerola. Añade las chuletas de cordero y déjalas marinar durante veinte minutos. Da la vuelta a las chuletas y déjalas marinar otros veinte minutos. Coloca las chuletas sobre una plancha y cúbrelas bien con la mezcla de menta. Asa las chuletas durante unos seis minutos por cada lado.

Panecillos de Pascua

Ingredientes:
- 4 tazas de harina
- 1 paquete de levadura seca activa
- Una cucharadita y media de canela molida
- Tres cuartos de taza de leche
- Media taza de aceite vegetal
- Un tercio de taza de azúcar
- Media cucharadita de sal
- 3 huevos
- 1 taza de pasas

Glaseado:
- 1 clara de huevo, batida
- 1 taza de azúcar glas
- 1 cucharada de leche
- 1 cucharadita de vainilla

Mezcla una taza y media de harina con la levadura y la canela en un cuenco grande. En una sartén con un termómetro de repostería, mezcla la leche, el aceite, el azúcar y la sal y caliéntalo a 50 °C. Cuando esté caliente, viértelo sobre la mezcla de harina y después añade los huevos. Bate con suavidad para mezclarlo todo bien, raspando los laterales del cuenco, y después bate con fuerza durante tres minutos más.

Con una espátula, añade las pasas y después el resto de la harina. Cuando la masa esté demasiado densa como para trabajar con una cuchara, sácala a una superficie ligeramente enharinada y amásala con las manos. Dale forma de bola y colócala sobre un cuenco ligeramente engrasado. Cúbrelo con un paño de cocina y deja que la masa suba durante 90 minutos. Debería tener más o menos el doble de su tamaño original.

Aplasta la masa, vuelve a colocarla sobre una superficie enharinada, cúbrela y déjala reposar otros diez minutos más. Divide la masa entre 12 y 15 porciones y forma una bola con cada una de ellas. Coloca las bolas de masa a unos cinco centímetros de distancia sobre una bandeja de horno engrasada. Cúbrelas con un paño y deja que suban otra vez durante 45 minutos. Con un cuchillo afilado, haz una cruz en la parte superior de cada bollito. Hornéalos a 190 °C entre 12 y 14 minutos.

Cuando los bollos se estén horneando, mezcla el glaseado añadiendo todos los ingredientes en un cuenco y mezclándolos con una batidora. Si hace falta, añade más leche para que la consistencia quede más líquida.

Deja que los bollitos se enfríen durante unos diez minutos antes de pintarlos con el glaseado.

Bizcocho de miel

Durante el Ostara es estupendo comer cualquier cosa hecha con miel, ya que las abejas se han despertado de su hibernación y están muy ocupadas zumbando por ahí y fabricando este manjar. Los platos con miel celebran el despertar de las abejas y el despertar de la vida vegetal de la que dependen las abejas para poder hacer la miel.

Ingredientes:
- *2* tazas y media de harina
- 3 cucharaditas de levadura en polvo
- Media cucharadita de bicarbonato de sodio
- Media cucharadita de sal
- 1 taza de azúcar
- 2 cucharaditas de canela
- 1 taza de miel
- Un tercio de taza de aceite vegetal
- 4 huevos
- 1 cucharadita de piel de naranja rallada
- 1 taza de zumo de naranja.

Precalienta el horno a 180 ºC y engrasa y enharina dos moldes redondos de unos 20-22 centímetros de ancho. Mezcla todos los ingredientes secos y después añade todos los ingredientes húmedos y mézclalo todo bien. Vierte la mezcla en los moldes y hornea durante unos 28 minutos. Comprueba el centro de los bizcochos con un palillo de dientes y sácalos del horno cuando el palillo salga limpio. Deja que los bizcoches se enfríen en sus moldes durante cinco minutos y después desmóldalos sobre una rejilla.

Jamón con salsa de perejil

El perejil es otra hierba que surge pronto y tiene muchos usos. Desde limpiar el paladar hasta hacer decoraciones o su uso como hierba básica, el perejil sirve para todo. Esta salsa irlandesa de perejil sobre un jamón horneado es lo mejor que hay para un bonito día de primavera.

Ingredientes:
- Un jamón.

Para la salsa:
- Un cuarto de taza de mantequilla
- Un cuarto de taza de harina
- Una taza y cuarto de crema desnatada
- Un puñado de perejil fresco finamente picado
- Sal y pimienta al gusto.

Hornea el jamón en el horno, siguiendo el tiempo y la temperatura recomendados. Unos pocos minutos antes de que esté listo, comienza a preparar la salsa de perejil. Funde la mantequilla en una sartén y añade la harina para espesar. Remueve constantemente para que no se queme, y cocínalo durante varios minutos. Con el fuego bajo, añade la crema y continúa removiendo de forma constante hasta que la mezcla esté completamente integrada. Añade el perejil, la sal y la pimienta y deja hervir a fuego lento durante 4 o 5 minutos mientras continúas removiendo. Aparta del fuego y vierte de forma abundante sobre el jamón cortado.

Puré de patatas con queso y eneldo

El eneldo es una hierba estupenda para asociar con la primavera. Se trata de una hierba de crecimiento rápido que se parece ligeramente a la planta del espárrago. También tiene un sabor fresco y verde.

Ingredientes:
- 4 tazas de puré de patatas (puedes hacer trampas y usar el preparado)
- 225 gramos de queso para untar ablandado
- 1 huevo batido
- 2 cucharadas de eneldo seco.

Engrasa una fuente y precalienta el horno a 180 ºC. Con una batidora eléctrica, mezcla el puré de patatas con el queso para untar, el huevo y el eneldo. Bátelo todo hasta que el queso se quede completamente incorporado y sin grumos. Utiliza una espátula para transferir la mezcla a la fuente y aplanar la parte superior. Hornea durante 45 minutos.

Cóctel saltamontes

Para los adultos, esta bebida alcohólica densa y mentolada es un acompañamiento perfecto para el Ostara. Su color de un verde claro encaja muy bien con los colores de la temporada, y su sabor mentolado es fresco y refrescante. Incluso el nombre evoca sentimientos de primavera y el exterior. El saltamontes se puede preparar en una licuadora con cubitos de hielo para hacer una bebida helada, o en una coctelera con hielo.

Ingredientes:
- 1 parte de crema
- 1 parte de crema de cacao blanca
- 1 parte de crema de menta.

Mezcla las tres partes en una coctelera y vierte la mezcla sobre hielo en una copa de Martini. O añade la mezcla a una licuadora con cubitos de hielo y tritura hasta que se quede todo homogéneo si quieres una bebida helada.

Ponche verde de primavera para los niños

Este ponche se puede preparar para que los niños tengan su propia bebida chula de color verde.

Ingredientes:
- 8 latas de zumo de guanábana (o zumo de guayaba y plátano por separado)
- 4 latas de gaseosa
- 1 litro de sorbete verde.

Mezcla todos los ingredientes en un cuenco para ponche y sírvelo.

Aunque muchas de las recetas anteriores se consideran comidas tradicionales para esta época del año, varias de ellas no encajan muy bien con las dietas más contemporáneas que suelen tener algunos paganos, como los veganos, vegetarianos o pescetarianos. O puede que no sean una opción para aquellas personas a las que simplemente les guste comer una dieta local más sostenible.

Los espárragos son una verdura primaveral, así como la lechuga, las setas y los rábanos. Estas verduras crecen con rapidez, y lo hacen mejor en temperaturas más frescas que cálidas. Estas pocas verduras se pueden combinar en sopas, ensaladas y muchos otros platos. Otro alimento primaveral y a menudo local es el pescado. Cuando los lagos y ríos se vuelven más cálidos, los peces están más activos y hambrientos, y por lo tanto son más fáciles de atrapar. Si te dedicas a la pesca, ya sabes lo cierto que es esto. Si visitas mercados de granjeros o cooperativas alimentarias, el pescado está de temporada, y a menudo a buen precio.

Las siguientes recetas son para aquellos que busquen sugerencias de menús que encajen con dietas veganas, vegetarianas o pescetarianas.

Sopa de espárragos frescos y aguacates

Si no tienes costumbre de comer comida cruda, esto va a ser un poco diferente para ti, pero esta sopa densa está llena de sabor y es saludable, además de ser bastante barata de hacer.

Ingredientes:
- Medio kilo de espárragos
- 2 aguacates
- Media cucharadita de sal
- Un cuarto de cucharadita de pimienta
- 3 tazas de agua.

Corta los extremos duros de los espárragos y tíralos. Pica bien alrededor de un cuarto de las puntas de los espárragos y apártalas a un lado. Corta el resto de los espárragos en trozos de más o menos un centímetro de longitud y mételos en la licuadora. Corta los aguacates por la mitad, saca los huesos y corta la carne en trozos pequeños. Con una cuchara, sácalos y añádelos a la licuadora. Agrega sal, pimienta y agua a la licuadora y tritura hasta que la mezcla se quede homogénea. Añade los trozos de espárrago picado que has reservado y deja enfriar al menos media hora antes de servir.

Zanahorias con miel y jengibre

Ingredientes:
- 2 cucharaditas de jengibre molido
- 3 cucharadas de miel
- 2 cucharadas de aceite de oliva
- 1 naranja
- Medio kilo de zanahorias *baby*.

Utiliza una olla de cocción lenta para preparar esta deliciosa guarnición. En un cuenco pequeño, mezcla el jengibre, la miel y el aceite de oliva. Pela una naranja, exprímela y añade el zumo a la mezcla. Intégralo todo bien y asegúrate de que el jengibre no forme grumos. Añade las zanahorias *baby* lavadas y cortadas a la olla de cocción lenta y vierte el líquido sobre ellas, mezclándolo todo bien para asegurarte de que todas las zanahorias estén bien cubiertas. Cocina a fuego lento durante varias horas hasta que las zanahorias estén tiernas.

Setas con ajo

Cuando se funde la nieve y llega la lluvia, las setas pronto comienzan a salir con todas sus fuerzas, así que cualquier comida primaveral es el momento perfecto para comerlas. Con esta receta tendrás una olla grande de setas, y quedarán todavía mejor si puedes cocinarlas a fuego lento durante todo el día.

Ingredientes:
- Un kilo y medio de setas
- 1 cebolla grande
- 1 cabeza de ajo
- 1 puñado de perejil fresco
- 4 cucharadas de mantequilla (o un sustituto no lácteo para los veganos)
- 2 tazas de vino.

Limpia las setas y corta los tallos. Pela y corta la cebolla al menos en cuatro trozos, o mejor ocho: lo ideal es que los trozos sean grandes, pero no demasiado. Pela la cabeza de ajo entera y después corta los dientes en dados o utiliza un prensador para aplastarlos. Pica muy bien el perejil.

Utilizando una olla grande, funde la mantequilla a fuego medio-bajo. Añade la cebolla y cocínala hasta que se quede translúcida. Agrega el vino, el ajo y el perejil, y mézclalo todo bien. Añade las setas y mézclalo todo bien. Cubre la olla y deja las setas cociéndose durante un par de horas a fuego lento.

Vieiras con lima y miel

Ingredientes:
- 1 lima
- 3 cucharadas de miel
- Medio kilo de vieiras.

Pela y exprime la lima, añade ambas cosas a la miel y mézclalo muy bien. Combina la mezcla con las vieiras, asegurándote de que se queden cubiertas por completo. Colócalas en la parrilla hasta que las vieiras estén cocinadas por completo. El tiempo de cocción variará dependiendo del tamaño de las vieiras.

Pescado con pimientos y chile tailandés

Este plato de pescado maravillosamente sabroso y ligeramente picante despertará tus papilas gustativas para la primavera.

Ingredientes:
- 1 pimiento rojo
- 1 pimiento naranja
- 1 pimiento amarillo
- 1 botella pequeña de salsa de chile tailandés
- 4 filetes de pescado, como la tilapia o cualquier otro propio de tu zona.

Precalienta el horno a 180 °C. Corta cada uno de los pimientos en tiras pequeñas y finas. Mézclalos en un cuenco y añade suficiente salsa de chile para cubrir los pimientos por completo. Coloca el pescado en una sartén y añade los pimientos por encima con una cuchara para asegurarte de que se queda cubierto por completo. Cocínalo hasta que el pescado se quede blanco y desmenuzado. El tiempo de cocción dependerá del grosor de los filetes de pescado.

Sopa de huevo

Ingredientes:
- Un cuarto de taza de cebolleta finamente picada
- 1 cucharada sopera de jengibre molido
- 6 tazas de caldo vegetal
- 1 docena de huevos
- 1 cucharada sopera de harina de maíz
- Entre un cuarto y media taza de agua fría

Añade la cebolleta, el jengibre y el caldo en una olla y déjalo hervir. Mientras esperas a que se caliente, abre todos los huevos en un cuenco. Bate con una batidora hasta que estén bien integrados. En una taza separada, mezcla la harina de maíz con el agua fría; remueve hasta que se disuelva y quede bien mezclado. En cuanto el caldo comience a hervir, vierte en él los huevos lentamente y con cuidado, manteniendo el cuenco en movimiento en todo momento. Si el caldo deja de hervir, deja de verter los huevos y espera a que el agua llegue al punto de ebullición otra vez. En cuanto estén todos los huevos dentro, vierte lentamente la mezcla de maíz a la sopa hirviendo y remueve. Deja que hierva durante tres minutos para que se espese.

Artesanía

Las manualidades y artesanía del Ostara son una forma divertida de dar rienda suelta a la inventiva de tu grupo y tu familia durante esta temporada festiva. La primavera es también una época maravillosa para comenzar nuevos proyectos. Pásatelo bien y deja fluir la creatividad con estos proyectos divertidos.

Cascarones

Los cascarones caseros se pueden rellenar con cualquier cosa que quepa dentro. La purpurina y el polvo de tiza pueden convertirlos en objetos muy divertidos, además de crear a su alrededor un poco de caos, lo que hace que sean estupendos para usarlos en el exterior.

Necesitarás:
- Cáscaras de huevo enteras y vacías, ya sean reales o de papel maché
- Relleno (purpurina, polvo de tiza, confeti, hierbas, etc.)

- Decoración (pintura o tinte, rotuladores, pegatinas, etc.)
- Un pequeño embudo hecho de papel para rellenar los huevos
- Cinta adhesiva o pegamento para cerrar los huevos después de rellenarlos (opcional).

Para hacer cascarones con huevos de verdad, hay que tener en mente unos cuantos consejos. Primero de todo, es algo que supone mucho trabajo. Hay que abrir agujeros en ambos lados del huevo y sacar todo su contenido, lo cual puede ser una verdadera lata. Después, tienes que asegurarte de enjuagar muy bien los huevos, para que no empiecen a oler mal en un par de días. Después de eso, tienes que darles tiempo para secarse, para que lo que sea que utilices para rellenarlos no se quede pegado al interior de la cáscara. Otra opción es utilizar huevos de papel maché de una tienda de manualidades.

Antes de llenar los huevos, ya sean reales o de papel maché, tendrás que decorarlos, con tintes, pinturas, pegatinas o incluso ceras de colores. Ahora puede ser un buen momento para experimentar y fabricar tintes naturales, para ver cómo te salen. Si la cosa no queda muy bien, tampoco importa demasiado, ¡porque los vas a romper de todos modos!

Cuando las cáscaras de huevo estén decoradas, tendrás que rellenarlas con algo, lo que significa que uno de los agujeros debería ser lo bastante grande como para meter cosas, mientras que el otro tiene que ser lo bastante pequeño como para que no se salgan. Por eso la purpurina y el polvo de tiza son materiales estupendos que puedes utilizar. Con un pequeño embudo hecho con papel enrollado podrás rellenar fácilmente los huevos, uno detrás de otro. Llénalos tanto como quieras. Cuanto más los llenes, más lío vas a montar después, ¡y eso puede ser muy divertido!

Para utilizar los cascarones, tan solo tienes que lanzárselos a la gente. Explotarán al hacer contacto, cubriendo a la víctima con lo que sea que tengan dentro (¡sobre todo si es purpurina y polvo de tiza!). Pero ten cuidado si utilizas huevos de verdad, porque existe la posibilidad de que le hagas daño a alguien de esta forma. Las cáscaras de huevo rotas pueden ser muy afiladas y hacer cortes a la gente, así que las versiones de papel maché ofrecen el beneficio extra de la seguridad. Además, con los huevos de papel maché, verás que tienen un agujero de buen tamaño para llenarlos y que suele estar cubiertos con un trozo delgado de papel. Puedes quitar con cuidado este papel para añadir más ingredientes junto al confeti, o sacar todo el confeti para llenarlo por completo con tus propios ingredientes. Después, lo único que tienes que hacer es simplemente volver a pegar el trozo de papel en su sitio con cinta adhesiva o pegamento.

Si estás haciendo los huevos solo por diversión, no tienes que preocuparte demasiado por cosas como los colores o con qué rellenarlos, pero también puedes utilizar los cascarones de forma espiritual. Para usarlos de esta manera, necesitarás una buena lista de correspondencias, incluyendo colores, hierbas y aceites. Cuando estés preparando cada cascarón con una persona específica en mente, deberías pintarlo o teñirlo de colores que tengan algún significado para dicha persona. ¿Necesita dinero desesperadamente? Pinta la cáscara de verde, con símbolos del euro. ¿Tiene problemas para dormir? Tal vez un azul claro o un lavanda pacífico con unos «zzzzzz» le ayudarán. Si vas a hacer huevos para muchas personas, márcalos con el nombre o las iniciales de cada una, o haz una lista con el nombre de cada persona y una descripción de cómo es su cascarón. Es importante tener alguna forma de asegurarte de que cada cascarón acaba con la persona correspondiente.

Después de decorar los cascarones con los símbolos espirituales, tendrás que rellenarlos con las cosas que se correspondan con las necesidades de la persona, o con la bendición que te gustaría otorgarle. Para una persona que necesita dinero, un poco de purpurina verde junto con polvo de tiza verde y un poco de musgo de roble son una buena combinación. Para la persona que no puede dormir, puedes mezclar purpurina y polvo de tiza de color azul claro y lavanda, junto con unos capullos de lavanda y tal vez un poco de valeriana.

Cuando «otorgues» estas bendiciones a alguien, es mejor hacer primero una pequeña grieta en el huevo con el borde de algo, y después abrirlo lentamente sobre su cabeza. Muévelo mientras lo vacías sobre la otra persona, para que no se caiga todo de golpe. Si rompes el huevo directamente sobre la cabeza de alguien, le dolerá y corres el riesgo de cortarle con los trozos afilados de la cáscara. Estos huevos forman un lío tremendo, así que lo mejor es hacerlo en el exterior. Tal vez puedes dar a las otras personas una toalla para que se cubran la ropa. Prepárate para darle mucho a la aspiradora después, porque, aunque lo hagas fuera, muchos de los ingredientes se pegarán a la gente y acabarán dentro de la casa.

Macetas con cáscaras de huevo

Esta es una manualidad muy divertida que pueden hacer personas de todas las edades. También las puedes utilizar para decorar tu altar si quieres.

Necesitarás:
- Cáscaras de huevo; intenta que el huevo se quede todo lo completo que puedas, rompiendo solo la parte superior del extremo más estrecho
- Tierra para macetas
- Semillas de hierba (puedes utilizar hierba para gatos)
- Pintura
- Pegamento
- Un limpiapipas de cualquier color

Comienza haciendo la base del huevo con el limpiapipas. Envuélvelo en un círculo varias veces en la parte baja del huevo, para hacer una base sobre la que pueda sostenerse. Pega el huevo a la base y deja que se seque el pegamento. Puedes hacer todas las bases por adelantado, de modo que, cuando los niños o los invitados estén listos, puedan dedicarse solo a decorarlos y después a plantar las semillas.

Pinta las cáscaras de huevo de cualquier forma que te gusta. Puedes darles aspecto de personas (tal vez podéis hacer un concurso para ver quién puede conseguir que su huevo se parezca más a sí mismo o tal vez a una persona famosa). Puedes decorarlos con símbolos como runas, signos del zodiaco, pentagramas o cualquier otro símbolo que te resulte apropiado.

Estos huevos se pueden utilizar como decoraciones de altar. También se pueden pintar simplemente con colores lisos. Lo que decidas hacer con ellos depende solo de ti.

Una vez estén pintados, tendrán que secarse. Puedes utilizar rotuladores para colorearlos, en lugar de pintura, para reducir el tiempo de secado, pero si usas pinturas tendrás más opciones respecto al color.

Cuando todos los huevos estén secos, utiliza una cuchara para añadir algo de tierra a tu maceta, y después vierte muchas semillas de hierba y agua. La hierba crece relativamente rápido, así que no deberías tardar mucho en ver aparecer los primeros brotes. No te olvides de comprobar la humedad de la tierra todos los días para asegurarte de que tenga suficiente agua. Con la poca cantidad de tierra que hay en los huevos, se secará bastante rápido.

Piedras de jardín pintadas

Las piedras de jardín se pueden pintar para utilizarlas como señaladores de lo que hay plantado en el jardín, o también se pueden emplear a modo de decoración en jardines de flores, jardines de hadas y macetas pequeñas. Puedes utilizarlas para los bordes de caminos, estanques o casitas de pájaros. También se pueden colocar en prácticamente cualquier lugar que se te ocurra para animar una zona aburrida, o para hacer que una ubicación serena se vuelva todavía más especial y personalizada.

Lo creas o no, ahora se venden kits de manualidades prediseñados para pintar piedras, aunque eso podría quitarle la mayor parte de la diversión. Un kit prediseñado limita mucho tu creatividad a lo que haya en su interior, desde la clase y el tamaño de las piedras hasta el color de la pintura. Además, no encontrarás otra clase de adornos que podrías añadir si se te ocurren tus propias ideas.

Si no utilizas un kit, necesitarás:

- Piedras
- Pintura para exteriores
- Purpurina y adhesivo en espray (opcional)
- Sellador de pintura para exteriores.

Puedes comprar bolsas pequeñas de piedras pulidas en tiendas de manualidades (normalmente en el departamento de las flores, ya que se utilizan para dar peso a los jarrones) y en bazares de productos baratos. Estas piedras serán pequeñas de tamaño, unos pocos centímetros como mucho, pero ese tamaño es suficiente para macetas o terrarios, o incluso para decoraciones de altar.

Tal vez necesites un poco más de imaginación para encontrar piedras más grandes. Si vas a arar el suelo para plantar un jardín, es posible que encuentres al menos unas cuentas. Normalmente, estas piedras son más ásperas, ya que han estado enterradas en el suelo y no expuestas a los elementos. Puedes encontrar piedras más pulidas en las playas, sobre todo si te adentras un poco en el agua. También podrías encontrar piedras en las orillas de los ríos, aunque por lo general habrá mucho más en un lago. Si no tienes acceso a ninguno de estos sitios, puedes buscar en una tienda de paisajismo. Por supuesto, tendrás que pagarlas, pero es otra opción. Las piedras de jardín no tienen que ser excesivamente grandes, el tamaño de un puño suele ser suficiente. Si puedes conseguir piedras gratis, otras más grandes también sirven.

Asegúrate de que cualquier pintura que compres especifique que es para exteriores, no sea que pierdas el tiempo pintando y que luego llegue la lluvia y borre todo lo que has hecho. También puedes invertir en un sellador de pintura (que especifique también que sea para exteriores) para ayudar a que la pintura dure todavía más. Si quieres añadir purpurina, deberás utilizar cierta variedad de colores y un adhesivo en espray. Pinta primero la roca, y después utiliza el adhesivo en espray y añade la purpurina. Cuando todo se haya secado por completo, tendrás que cubrirlo con el sellador de pintura para protegerlo todo. También puedes utilizar lentejuelas y otros adornos, pero estos son mucho más difíciles de pegar. Busca un pegamento que sea para exteriores y que no tenga que utilizarse con un material poroso. ¡Las rocas no son muy buenas para pegar cosas!

Cuando hayas reunido las piedras y los materiales, ¡es momento de dar rienda suelta a la creatividad! Mientras que en el huerto de las verduras tal vez solo quieras señalar las hileras de los cultivos con lo que hay en cada una, no tienes por qué usar solo palabras. Si tienes una vena artística, puedes hacer un dibujo del producto. Casi cualquier persona puede pintar una zanahoria o un tomate. En realidad, la mayoría de las verduras son muy fáciles de pintar, así que puedes escribir la palabra, pintar la imagen, o ambas cosas. También puedes decorar las piedras con hojas o flores pintadas.

Las rocas para jardines de flores, jardines de hadas o cualquier otro sitio se pueden hacer de forma un poco más creativa. Tal vez quieras crear una sensación pacífica. Una forma estupenda de hacerlo es pintar palabras que ayuden a crear esa sensación, y después decorar a su alrededor con flores pintadas, purpurina u otra clase de adornos.

Aquí tienes algunas palabras que puedes utilizar para crear el entorno perfecto: serenidad, tranquilidad, paz, paz mental, relajación, Zen, Om, calma, quietud, armonía, tranquilidad. O puedes probar con: ánimo, alegría, gozo, felicidad, dicha, éxtasis, placer, júbilo, deleite.

Tal vez te puedan gustar estas: esperanza, fe, amor, paciencia, paraíso, euforia, cielo. O puedes usar: bendición, sueño, tierra de los sueños, encantamiento, encanto, seducción, embrujo, hechizo, embeleso, éxtasis, fascinación. Estas sugerencias también te pueden ayudar a elaborar tu propia lista. Piensa en más ideas.

También puedes escribir citas breves sobre las rocas, o dividir las citas entre varias piedras. Puedes utilizar esta cita de Puck en *Sueño de una noche de verano*, de Shakespeare: «Si nosotros, sombras, os hemos ofendido, pensad esto, y todo queda arreglado:

que no habéis sino soñado mientras estas visiones surgieron». Es una cita estupenda para un jardín de flores, y hay muchas más en esta obra de Shakespeare. Una pequeña investigación de citas famosas sobre un tema específico te dará toda clase de resultados de cosas diferentes con las que puedes trabajar.

Terrarios del Ostara

Aunque no puedas hacer jardinería en el exterior, puedes crear un jardín interior con un simple terrario. Se pueden hacer terrarios con cualquier clase de cosas. Por lo general, la gente utiliza acuarios que tienen una fuga en el sellado y ya no pueden contener agua para los peces. En cualquier caso, hay muchas otras formas de crear terrarios. Cualquier recipiente a prueba de agua o que pueda impermeabilizarse puede servir como la base del terrario. Esta es otra forma estupenda de reutilizar y reciclar de forma creativa objetos que de otra forma acabarían tirados a la basura. Con las herramientas apropiadas, se puede convertir casi cualquier cosa en un terrario, desde un libro viejo de tapa dura hasta una botella de vino o una bombilla (no fluorescente).

Utilizar libros viejos para crear un terrario puede llevar mucho tiempo, pero el aspecto es verdaderamente espectacular. Estos son los materiales que necesitas para hacer un terrario a partir de un libro:

- Un libro viejo (las tiendas de segunda mano o los saldos de biblioteca los venden muy baratos si no tienes alguno en casa)
- Pegamento (para papel)
- Un lápiz
- Una navaja multiusos
- Film de plástico
- Arcilla (cualquier clase de arcilla para modelar que sea a prueba de agua)

- Tierra para macetas, plantas, piedras pequeñas y otros adornos.

El primer paso será decidir si quieres dejar la portada intacta. Si el libro tiene guardas bonitas, podría estar bien dejarlo abierto, pero si vas mal de espacio, tal vez quieras que el libro esté cerrado. Si se va a quedar cerrado, comienza dibujando la forma que quieres que tenga el agujero en la portada del libro. Con mucho cuidado, córtalo con la navaja. Cierra el libro y, utilizando esa abertura como guía, traza la silueta de la oquedad con un lápiz sobre la primera página de papel. Manteniendo el libro cerrado (si lo abres, los agujeros no se alinearán bien), utiliza la navaja para cortar varias capas de papel siguiendo el patrón. Cuando las quites, repite el proceso varias veces más hasta que hayas cortado casi todo el libro. No cortes hasta la cubierta trasera; deja entre medio centímetro y un centímetro sin cortar para añadirlo a la base.

Si vas a comenzar con un libro abierto, dibuja la forma en la página superior. Después, deja el libro abierto mientras cortas los agujeros en las páginas. Continúa de la misma forma que con el libro cerrado, cortando hasta que quede una base de entre medio centímetro y un centímetro.

A continuación, empezando por la parte posterior del libro, utiliza el pegamento para pegar la última página del libro a la cubierta trasera, después la siguiente página a esta última, y así consecutivamente. Cuando llegues a la parte que está cortada, continúa pegando las páginas hasta llegar a la portada; déjala sin pegar por el momento. Si estás utilizando un libro abierto, deja varias de las páginas superiores sin pegar por el momento.

El siguiente paso es hacer el libro resistente al agua. Coge la arcilla y cubre por completo la parte inferior y los laterales de la cavidad que has creado. Asegúrate de que no haya zonas donde pueda traspasar el agua hasta las páginas del libro. Tendrás que seguir las instrucciones de la arcilla para dejar que se endurezca, aunque, como es lógico, no podrás usar un horno a una temperatura demasiado alta. Después de que la arcilla se haya secado, añade unas capas de plástico o envoltorio para tener una protección extra, y pega lo que sobre entre la página superior y la portada del libro. Si estás utilizando un libro abierto, pega el plástico entre las últimas páginas pegadas y las que se hayan quedado sueltas. Después, pega cualquier página suelta que quede. Llena la cavidad de tierra con cuidado y añade tus plantas junto a cualquier otro adorno que quieras incluir, como piedras o musgo.

Las plantas que escojas para estos terrarios son importantes, ya que necesitarás unas que no tengan raíces enormes. Las plantas epifitas son ideales para los terrarios pequeños. Estas plantas no necesitan tierra para crecer, pero sí que necesitan agua y fertilizante para ponerse frondosas. También puedes plantar un bonsái si tienes suficiente espacio y el árbol es lo bastante pequeño.

Plantes lo que plantes, también puedes decorar estos terrarios en distintas épocas del año. Un terrario para el Ostara puede incluir la hierba falsa de colores que se usa en las cestas de esta época del año. También puedes encontrar objetos en miniatura en tiendas de manualidades para varias festividades, incluida la Pascua, que utiliza muchos de los símbolos y decoraciones del Ostara. Seguro que encuentras cestas en miniatura, conejitos, pollos, huevos y hasta gallinas. Si en tu tienda de manualidades no tienen nada pequeño en la sección de elementos estacionales, busca en la sección de casas de muñecas. Es increíble las cosas que se pueden encontrar en miniatura hoy en día. Las cuentas de colores pastel, la purpurina, las lentejuelas o el confeti también te pueden ayudar a dar un aire festivo a tu terrario. Estos objetos se pueden cambiar por distintas decoraciones más adelante. Los terrarios pequeños son una forma estupenda de añadir el elemento de la tierra a tu altar para los rituales del *sabbat*, sobre todo si los decoras para la propia festividad.

Decorar con colores

Otra forma estupenda de engalanar tus alrededores es poniendo decoraciones coloridas en tu hogar y/o tu altar. Los colores asociados con el Ostara son por lo general los tonos pastel. Estos colores están asociados con la primavera y los bebés, que son algo que en el mundo animal vemos mucho durante la primavera.

El amarillo es uno de los colores más dominantes del Ostara, y también se ve en el mundo natural. Podemos verlo en los narcisos, el azafrán y los tulipanes. También se ve en los pollitos recién nacidos, que suelen ser amarillos (aunque hay algunos marrones o negros), y después se vuelven de un color diferente cuando empiezan a cambiar las plumas. Para cuando han madurado del todo, son de un color completamente diferente a cuando salieron del huevo. El amarillo también está conectado con el sol, que ahora nos muestra su poder sobre la oscuridad mientras los días se vuelven más largos que las noches.

El naranja es otro color que representa al sol. Aunque no se usa tan a menudo en las celebraciones del Ostara, puedes utilizar los símbolos o el dibujo de un gran sol naranja para decorar tu altar. Está asociado con la amistad y la atracción.

El verde es otro color importante del Ostara, ya que la propia tierra está comenzando a verdear: desde la hierba hasta los brotes que están empezando a salir de los árboles, las hojas y los tallos de las flores que brotan del suelo. Representa la fertilidad y la abundancia, y calma las situaciones difíciles.

El azul es para la paz y la tranquilidad. Los tonos más claros, como el azul celeste, están asociados con la primavera y con la Diosa en su forma de doncella. El azul también es otro color popular del azafrán, y esa es una de las razones por las que se asocia con la primavera. Una de las primeras señales de que ha llegado la primavera en el norte es ver petirrojos. Cuando el petirrojo regresa, construye su nido y pone sus huevos, que son muy bonitos y de un color casi azul cielo. Y, hablando del cielo, en algunos lugares el invierno suele ser muy sombrío y gris, con muchos cielos encapotados. El sol no brilla sobre nosotros muy a menudo, de modo que, cuando las nubes grises desaparecen y el sol sale, el gran cielo azul es una visión más que bienvenida.

El violeta probablemente sea el segundo o tercer color más popular para el Ostara, compitiendo duramente con el rosa. Es otro de los colores del azafrán, y evidentemente también de otra flor primaveral, la violeta. Es un color que se asocia con la espiritualidad. Se complementa muy bien con el amarillo, y también se utiliza en su tono más claro del lavanda.

El rosa está muy asociado con la primavera. Los frutos de muchos árboles brotan en colores rosados o blancos, así que en primavera hay brotes rosas por todas partes. Los azafranes rosados pueden abrirse camino a través del suelo cubierto de nieve. El azafrán es una flor temprana muy abundante que sirve a un propósito: avisa a la gente de que, incluso aunque el suelo esté cubierto de nieve, la tierra se está despertando bajo ella y está empujando hacia el exterior. El rosa está asociado también con el amor, la compasión y la paz en el hogar. Este color también se complementa muy bien con el amarillo, y ambos colores se suelen combinar para las decoraciones.

El blanco es el color de los nuevos comienzos, como una hoja nueva de papel que está esperando a que escriban sobre ella. Es el color de la inocencia (la doncella), la purificación y la sanación. Muchas flores de primavera, incluidas el azafrán y la campanilla de invierno, y muchos brotes de árboles frutales, son de color blanco.

Hay distintas formas de incorporar cualquiera de estos colores en tus decoraciones y en tu altar. Por supuesto, están las velas. En esta época del año suele ser fácil encontrar velas con estos colores en forma de huevo. También puedes decorar huevos de verdad con estos colores y colocarlos dentro de una cesta pequeña sobre tu altar. Hasta puedes emplear los huevos de plástico que se usan en las cazas de huevo.

Los lazos son una forma estupenda de añadir color a tu altar, y se pueden usar de distintas formas. Puedes atar lazos alrededor de la base de las velas, o de las herramientas rituales. Puedes colgar lazos sobre otras decoraciones, como flores o una cesta. Además, también puedes cortar los lazos en trozos de entre cinco y diez centímetros y utilizarlos como confeti.

También puedes usar figuritas pequeñas en forma de conejos y pollos para añadirlas a tu altar. Las tiendas de segunda mano son lugares estupendos para buscar tus decoraciones, ya que no solo ahorrarás dinero, sino que a menudo podrás encontrar cosas que ya no se encuentran en una tienda corriente. Los estilos son diferentes, y el medio o material empleado para fabricarlas podrían ser diferentes también. El plástico es el material que más se utiliza hoy en día, pero en una tienda de segunda mano podrías encontrar madera o cristal por el mismo precio, si no inferior.

Por supuesto, cualquiera de las manualidades que crees también se pueden incorporar en el altar. Una de las mejores cosas del Ostara es que es muy fácil que la gente que no ha «salido del armario» pueda decorar y celebrarlo sin que las demás personas se den cuenta. A menudo cae lo bastante cerca de la Pascua como para que el momento no lo delate demasiado. Y, además, utiliza tanto los mismos colores y símbolos que sería muy difícil señalar la diferencia entre una casa decorada para el Ostara y una decorada para la Pascua, salvo por cosas como carteles en los que ponga «¡Feliz Pascua!», que probablemente no habrá en las casas paganas.

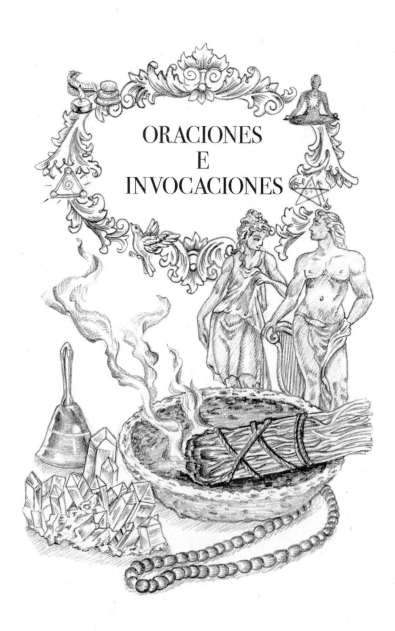

ORACIONES E INVOCACIONES

...ginnings, birth, renewal, rejuvenation, balance, fertility, ...

...ngth, vernal equinox, sun enters Aries, Libra in the ...

...reen Man, Amalthea, Aphrodite, Blodeuwedd, Eostre ...

...Flora, Freya, Gaia, Guinevere, Persephone, Libera ...

...et, Umaj, Vila, Aengus Mac Og, Cernunnos, Herma, ...

...a, Mabon Osiris, Pan, Thor, abundance, growth, heal ...

...healing, patience understanding virtue, spring, honor, co ...

...e abilities, spiritual truth, intuition, receptivity, love, in ...

...vement, spiritual awareness, purification, childhood, inn ...

..., creativity, communication, concentration, divination, ...

...ities, prosperity, attraction, blessings, happiness, luck, ...

...guidance, visions, insight, family, wishes, celebrating li ...

...dship, courage, attracts love, honesty, good health, emo ...

...nprovement, influence, motivation, peace, rebirth, self p ...

...ine power, freedom, optimism, new beginnings, vernal eq ...

...ation, sun, apple blossom, columbine, crocus, daffodil, ...

...honeysuckle, jasmine, jonquil, lilac, narcissus, orange b ...

...se, rose, the fool, the magician, the priestess, justice, ...

En lo relativo al aspecto verdaderamente espiritual de celebrar cualquier sabbat, las meditaciones, las oraciones y las invocaciones son lo que de verdad te ayuda a conectar con lo Divino y con tu propio ser superior. Aunque celebrar y comer es muy divertido, el verdadero trabajo tiene lugar durante estas prácticas. Esto no significa que estas cosas sean difíciles o no resulten divertidas, sino que son, sin embargo, más serias y también un momento de aprendizaje profundo.

Si no tienes ya la costumbre de meditar, el Ostara (por ser una época de nuevos comienzos) es el momento perfecto para empezar. Hay diferentes formas de meditación. Están las tradiciones orientales de meditación silenciosa, en las que básicamente despejas tu mente, te concentras en tu respiración, y diriges tus pensamientos hacia tu interior para ver cualquier cosa que tu cuerpo o tu mente tengan que decirte. También está la meditación guiada. Aunque algunos practicantes de meditación oriental podrían decirte que la meditación guiada no es meditar de verdad, ¡para aquellos que la practican sin duda que lo es!

En una meditación guiada, alguien habla para guiarte literalmente durante la meditación. Puede ser otra persona o una pista ya grabada. Puedes leer meditaciones guiadas antes de realizarlas y después tratar de recordar la meditación mientras la pones en práctica, pero esto es difícil y hace que sea muy complicado concentrarse. Si tienes una meditación guiada por escrito, como las que te presentamos aquí, deberías pedirle la ayuda a un amigo o un miembro de tu familia para que te la lea cuando llegue el momento de ponerlas en práctica, o puedes hacer tu propia grabación mientras la lees.

Recuerda que esto es una meditación, así que deberías leerla como tal. Deberías bajar y suavizar la voz, bajar tu propio volumen personal, y reducir la velocidad en consecuencia. Lee la meditación varias veces en silencio y en voz alta antes de hacer la grabación. Tendrás que asegurarte de dejar suficientes espacios de pausa para cualquier momento de silencio que puedas necesitar. Asegúrate de prestar atención a la pronunciación y a la gramática básica. No lo leas de forma monótona, o como una sola frase gigantesca y continuada. Dedica un poco de tiempo a asegurarte de que sale bien. Comienza grabando solo una parte pequeña. A continuación, reprodúcela y comprueba cómo te suena antes de grabar la meditación completa.

Para aquellas personas que se estén iniciando en la meditación, hay unas cuantas cosas que deberían tener en mente. Cuando elijas una ubicación para poner en práctica tus meditaciones, recuerda:

- Los lugares exteriores te dan una oportunidad para conectar más con la naturaleza, si no hace demasiado frío. Pero, si tienes mucho frío, eso solo hará que lo pases mal y te distraerá de la meditación.

- Busca una ubicación libre de ruidos y otras personas.

- Si no tienes una zona exterior de tu propiedad que puedas utilizar, prueba con un parque de tu zona o una reserva natural; tan solo tienes que buscar un lugar que parezca estar libre de otras personas.

- En primavera, una ubicación soleada seguramente estará bien, pero en verano tal vez quieras utilizar un lugar con sombras.

- Si has escogido una ubicación interior, asegúrate de que vaya a ser pacífica, silenciosa y privada.

- Situarte cerca de una ventana está bien; tan solo asegúrate de que el sol no te dé directamente en la cara para no distraerte.

- Haz que tu lugar sea cómodo, ya se trate de un espacio dedicado en exclusiva a ello o solo temporal; conviértelo en tu santuario utilizando almohadas, pufs, mantas o sillas y cojines especiales para meditación.

- Dependiendo de lo que te resulte más cómodo, tendrás que decidir si quieres sentarte o tumbarte.

- Tal vez quieras añadir también una iluminación especial. Las velas, las lámparas de lava, las lámparas de sal o las bombillas de colores de tonos azul, púrpura o lavanda aportarán mucho a tu ambiente, y añadirán capas extra de paz y espiritualidad a tu práctica.

- A lo mejor puedes poner música de meditación de fondo para ayudarte a crear el ambiente y también ayudarte a relajarte.

- Si vas a utilizar velas, asegúrate de hacerlo de forma segura. Las velas son buenas para más cosas aparte de la iluminación; también ayudan a crear ambiente. El azul, el blanco o el lavanda son colores espirituales y pueden ayudarte a relajarte. También puedes utilizar colores que se correspondan con tu meditación.

- Si tienes dificultades para relajarte, tal vez podrías probar a darte un baño antes de meditar. También puedes probar a tomar una manzanilla o a hacer unos estiramientos ligeros. Tómate unos momentos simplemente para sentarte con los ojos cerrados y respirar hondo, tomando aire y soltándolo.

Estos son solo algunos trucos y consejos que deberían ayudarte a poner en marcha tu práctica de meditación. La meditación no tiene que ser difícil, de hecho, a menudo es fácil, relajante y bastante divertida. En cuanto te acostumbres a ello, es muy probable que tu tiempo de meditación se convierta en tu parte favorita del día.

Meditación para evaluar el equilibrio en tu vida

Esta meditación es bastante corta, pero te da la oportunidad de hacer inventario de lo que está pasando en tu vida. A menudo, estamos tan absortos en todo lo que ocurre que solo hacemos las cosas por inercia, sin darnos cuenta de verdad de lo que está pasando con nosotros. Cuando nos tomamos el tiempo para sentarnos y básicamente enumerar todas las cosas que están ocurriendo en nuestras vidas, puede ser impactante y un poco abrumador. También puede ser un toque de atención y justo la motivación que necesitas para hacer algunos cambios a mejor.

Comienza acomodándote en el lugar que hayas escogido, y después da inicio a la meditación. Si estás grabando la meditación para reproducirla después, o tienes a una persona que te la lea, empieza aquí:

Apaga el mundo a tu alrededor y sintonízate con tu interior. Apaga cualquier sonido que venga de cualquier parte. Apaga tus pensamientos sobre el día. Apaga cualquier distracción que puedas tener. Siente cómo te relajas y te tranquilizas. Encuentra tu núcleo y concéntrate en estar en el aquí y ahora. Ahora mismo ya no importa nada más. Todo lo demás puede esperar. Ahora mismo lo único que importa sois tú y tu espiritualidad. Ahora mismo es un momento para ti.

Con el equinoccio llega un momento de equilibrio, un momento de dar un paso atrás y examinar tu existencia. ¿Cómo de equilibrada está tu vida? ¿Sientes que las cosas están fuera de control?

¿Sientes abrumación, frustración o simplemente ansiedad? Todo esto son señales de que hay algo desequilibrado en tu vida. Algo está en un lugar equivocado y hace falta realinearlo, reequilibrarlo. Todo tiene su lado opuesto, al igual que el día tiene la noche, y todo en tu vida también tiene su lado opuesto. El trabajo que haces tiene que estar contrarrestado con el ocio. Dar con recibir. Los momentos malos con los buenos. Si tienes mucho de una cosa y no suficiente de su contraparte, no estás en equilibrio. Incluso tener solo momentos buenos en tu vida puede desequilibrarte; que haya momentos malos mezclados con los buenos te enseña empatía y compasión. Los momentos buenos constantes sin ninguno malo hacen que te pierdas partes de la vida. Tal vez no sean las partes más divertidas, pero son necesarias. Con el tiempo, a todo el mundo le pasa algo malo en la vida. Si no te has acostumbrado a ello, puede ocurrir que esos tiempos duros sean extremadamente difíciles de superar. La gente que está acostumbrada a los momentos difíciles está mejor equipada para tratar con ellos, simplemente por una cuestión de práctica.

Pasa algún tiempo pensando en todas las cosas que están ocurriendo en tu vida. ¿Hay cantidades similares de cosas buenas y malas? ¿Trabajo y ocio? ¿Estrés y paz? ¿O estás en desequilibrio con algo? ¿Qué es lo que haces para pasarlo bien? ¿Qué es lo que haces cuando algo te molesta? ¿Con qué frecuencia te molestan las cosas? ¿Tu vida está muy calmada y serena, o vas de una crisis a otra casi a diario? (*Deja una pausa en silencio para reflexionar*).

Tal vez necesites ayuda para lidiar con el estrés. Puede que te estés preocupando por cosas sobre las que realmente no tienes control. A lo mejor cargas con más asuntos de los que puedes manejar, y después te estresas cuando las cosas no salen como esperabas que lo hicieran. Tal vez estás sin trabajo, te has lesionado o sufres alguna clase de enfermedad. Sean cuales sean las cosas «malas» en tu vida, tienes que saber que están ahí. Tienes que aprender a identificar correctamente el problema, y después encontrar soluciones factibles para este. Por lo general, si tienes demasiado estrés, no tendrás suficiente ocio y diversión en tu vida. Y esto va en ambos sentidos: cuando no te tomas el tiempo que necesitas para pasarlo bien y divertirte, no tienes oportunidad de liberar tensiones, de modo que te estresas todavía más. Acuérdate siempre de buscar momentos buenos para equilibrar los que hacen que tu vida sea más difícil.

Es importante recordar que la vida tiene sus momentos altos y bajos. La gente no quiere estar triste, abatida o herida, pero hay que recordar que hay lecciones que se pueden aprender de los eventos y/o situaciones que conducen a estos sentimientos.

¿Cuáles son algunas de las cosas buenas que tienen lugar en tu vida? ¿Tienes una pareja que te apoya? ¿Amigos estupendos? ¿Un buen trabajo? ¿Haces trabajo de voluntariado para ayudar a personas menos afortunadas que tú? (*Deja una pausa en silencio para reflexionar*).

Recuérdate que tus bendiciones son una forma excelente de llevar equilibrio a una vida estresante que a menudo parece llena de negatividad. Solemos olvidarnos de lo bueno y concentrarnos en lo malo. Cuando enumeres tus bendiciones, podrías encontrarte con que hay equilibrio en tu vida; con que las cosas malas realmente no superan a las buenas. Podrías encontrarte con que simplemente tienes que ajustar en qué te estás centrando. (*Deja una pausa en silencio para reflexionar*).

Cuando hayas terminado, da las gracias en silencio por las bendiciones que tienes en tu vida. Recuerda que, cuando las cosas parecen ir mal, siempre puedes volver a concentrarte en las cosas buenas con esta meditación para lograr un equilibrio mejor. Respira hondo un par de veces, recuérdate dónde te encuentras físicamente en este momento, y después abre los ojos poco a poco.

Meditación para los nuevos comienzos

Con esta meditación, concentrarás tus energías en dirección a un nuevo comienzo exitoso. Ya sea un cambio de vida, un nuevo trabajo, un nuevo proyecto u otra cosa, esta meditación concentrará tus energías en ese nuevo comienzo y te ayudará a visualizar cómo se cumple.

De nuevo, tendrás que grabar esta meditación o pedirle a alguien que te la lea. Ponte en una posición cómoda, cierra los ojos y respira hondo varias veces, exhalando e inhalando al menos cinco veces. Relájate y comienza tu grabación de la meditación aquí:

Delante de ti se abre un nuevo camino, un nuevo comienzo. El camino está brumoso y nublado, y no puedes ver mucho más allá, pero sientes la obligación de caminar adelante, hacia la niebla. Con cada paso que das, sientes que te acercas más a la niebla, pero parece que nunca eres capaz de alcanzarla. Cada paso que das es bajo un aire limpio, fresco y limpio de niebla. La niebla permanece por delante de ti.

Mientras caminas hacia delante, te das cuenta de que en el camino aparecen cosas nuevas junto a ti. Imágenes de tu pasado se presentan ante ti: algún amigo de la infancia, tu profesor favorito, tu primera novia o novio. Mientras pasas de largo junto a cada uno, ellos dirigen la mirada hacia ti para seguirte mientras continúas por tu camino. Estás pasando de largo junto a tu pasado mientras avanzas, pero lo haces con alegría. Estos recuerdos te traen júbilo y felicidad. Te das cuenta de que con cada persona hubo una primera vez. (*Deja una pausa en silencio para rememorar las imágenes del pasado*).

Te ves montando en bicicleta por primera vez, aprendiendo a nadar, yendo al parque de atracciones, o de vacaciones familiares. Te ves sacándote el carné de conducir, graduándote del instituto, tal vez hasta graduándote de la universidad. Todos son recuerdos felices de tu pasado que disfrutas al recordar. Cada uno de esos eventos tuvo una primera vez. Cada uno de esos eventos fue una vez un nuevo comienzo. Cada uno de esos eventos te trajo felicidad y alegría, aunque justo antes de que ocurriera, y tal vez mientras estaba ocurriendo, sintieras nervios e inseguridad por la situación o el evento. Pero lo conseguiste y lo hiciste increíblemente bien.

Con cada paso que das, las imágenes a tu lado se vuelven más visibles y claras, pero la niebla delante de ti todavía sigue ahí. Continúas avanzando y ves que las imágenes que hay junto a ti son más recientes. Ahora estás en tu presente. Ves a gente que has conocido recientemente, eventos que han sucedido hace poco, y situaciones que has vivido últimamente. (*Permítete una breve pausa*). Eres feliz de recordar a esas personas y esos eventos, y eres consciente de que ellos también fueron una vez parte de un nuevo comienzo. Esos elementos de tu presente te hacen sentir felicidad, satisfacción y seguridad. Ya no te preocupas por esas cosas, puesto que ahora te causan comodidad. Ya no tienes miedo, y disfrutas de todo lo que tienes en tu vida. (*Permítete una breve pausa*).

Mientras continúas recorriendo el camino, te das cuenta de que hay una luz resplandeciente por delante de ti, como si el sol estuviera brillando de pronto sobre el camino. La niebla comienza a desvanecerse, desapareciendo ante tus ojos. Consigues captar un breve vistazo de tu futuro, del nuevo comienzo que está teniendo lugar en tu vida. Puedes sentir cómo te llama a través de los rayos del sol. Te sientes cómodo bajo la luz del sol, cálido y seguro, mientras consigues captar vistazos de tu vida en el futuro. Pero nada está del todo claro todavía, pues el sol cada vez brilla con más intensidad, hasta que lo único que puedes ver es su resplandor. Tu futuro se encuentra por delante de ti, y te espera en un lugar reluciente, soleado y feliz. Tan solo tienes que seguir caminando hacia delante para alcanzarlo. Tómate un tiempo para disfrutar de esta sensación de anticipación. (*Permítete una breve pausa para reflexionar*). Cuando hayas terminado, da las gracias en silencio por esta breve visión y cualquier inspiración que hayas obtenido de esta. Respira hondo un par de veces, recuérdate dónde te encuentras físicamente en este momento, y abre los ojos poco a poco.

Oración al Dios y a la Diosa para traer equilibrio a nuestra vida

Esta oración está diseñada como una forma de invocar al Dios y a la Diosa y de pedirles su ayuda para traer equilibrio a tu vida. Cuando te encuentras sin equilibrio, puede suponer un enorme trabajo volver a colocar tu vida en una armonía que sea saludable y beneficiosa para ti. Sin embargo, no tienes por qué hacer este trabajo a solas, y puedes pedir ayuda a las divinidades. No dudes en añadir el nombre de cualquier deidad específica con la que trabajes donde sea necesario.

Queridísimo Señor, Padre de todos nosotros,
con fuerza y valentía,
ven conmigo ahora que te invoco.

Queridísima Dama, Madre de todos nosotros,
de gran belleza,
ven conmigo ahora que te invoco.

Como el Señor y la Dama se equilibran mutuamente,
yo también necesito equilibrio en mi vida.
A menudo caigo demasiado en un lado
y no lo bastante en el otro,
lo que provoca una inestabilidad
que me saca de mi camino.
Necesito recuperar el equilibrio con mi cuerpo,
mi mente y mi espíritu,
trabajando todos juntos en armonía.

Os pido vuestra guía para crear límites
que me animen a mantener
las situaciones y emociones a raya.
Os pido vuestra guía para mostrarme
cómo puedo ayudar a los demás
cuando no sea yo quien está
en un momento de necesidad.

Aconsejadme en los pasos que debo dar,
e instruidme sobre lo que debo trabajar.
Ayudadme a visualizar y después hacer realidad
una vida en verdadero equilibrio.

Oración a la Diosa para que te ayude en los nuevos comienzos

Esta oración está diseñada como una forma de invocar a la Diosa y de pedirle ayuda para lidiar con un nuevo comienzo con el que estés teniendo dificultades. Los nuevos comienzos son oportunidades para comenzar de nuevo, pero no siempre pueden parecer así. Situaciones como los divorcios pueden ser muy dolorosas, ya que tal vez no quieras empezar una nueva vida sin tu pareja. A veces, no tenemos elección y nos vemos obligados a vivir esos nuevos comienzos. Otras veces, podemos tomar la decisión consciente de comenzar de nuevo; lidiar con esos nuevos inicios y poner la pelota en marcha suele ser más fácil en estos casos. Los cambios que no queremos hacer son los que nos cuestan más, y esta oración es para esos momentos. En esta plegaria a la Diosa, puedes insertar si quieres a tu propia deidad específica donde sea necesario.

Gran Diosa, Madre de todos nosotros,
dadora de vida y creadora de todas las cosas,
la vida tiene muchos giros y cambios,
y ahora me encuentro en un camino nuevo e inesperado,
un camino que me da miedo recorrer a solas.

Te pido tu guía y tu mano cariñosa
para que me ayude a apoyarme durante mi camino.
Te pido que me conduzcas en la dirección apropiada
cuando sea necesario,
y que me mantengas lejos de los giros equivocados.

Ayúdame a seguir en mi camino
y a no alejarme de él,
incluso cuando sienta tentación.

Ayúdame para moverme hacia delante
y no hacia atrás.

Consuélame cuando lo necesito.

Bendice mi camino y el viaje que emprendo
por este nuevo sendero.

Anímame en estos tiempos de dudas
sobre mí mismo.

Protégeme de los que quieren hacerme daño,
aunque sea yo mismo.

Abrázame con tus brazos cariñosos,
para darme paz, y
rodéame de amor perfecto y confianza.

Breve invocación para trabajar con la Diosa en el Ostara

Diosa Doncella, pronta a ser Madre,
conocida por muchos nombres,
invoco tu presencia hoy,
en este día de equilibrio,
de igual día e igual noche,
en este día de nuevos comienzos,
para que te unas a mí (nosotros) en celebración.

Diosa de la Tierra,
Diosa de todas las cosas vivas,
Diosa de la primavera,
únete a mí (nosotros) ahora.

Breve invocación para trabajar con el Dios en el Ostara

Robusto Señor, pronto a ser Padre,
conocido por muchos nombres,

invoco tu presencia hoy,
en este día de equilibrio,
de igual día e igual noche,
en este día de nuevos comienzos,
para que te unas a mí (nosotros)
en celebración.

Dios de la Tierra,
Dios de todas las cosas vivas,
Dios de la primavera,
únete a mí (nosotros) ahora.

Ofrendas

Hay distintos tipos de ofrendas para las divinidades que son muy apropiados para esta época del año. Los huevos cocidos (y pelados), la leche, la miel, la hidromiel y las flores primaverales son las más comunes. Si quieres algo dulce, delicioso y diferente, utiliza un cuenco de crema de malvavisco. Si tienes un altar en el exterior, deja algunas de estas ofrendas en el nombre de tu deidad como agradecimiento.

RITUALES
DE
CELEBRACIÓN

...ginnings, birth, renewal, rejuvenation, balance, fertility,...

...ngth, vernal equinox, sun enters Aries, Libra in the...

...reen Man, Amalthea, Aphrodite, Blodeuwedd, Eostr...

...Flora, Freya, Gaia, Guinevere, Persephone, Libera...

...t, Umaj, Vola, Aengus Mac Og, Cernunnos, Herma,...

...e, Mabon Osiris, Pan, Thor, abundance, growth, heal...

...healing, patience understanding virtue, spring, honor, cou...

...abilities, spiritual truth, intuition, receptivity, love, in...

...vement, spiritual awareness, purification, childhood, inn...

..., creativity, communication, concentration, divination,...

...tities, prosperity, attraction, blessings, happiness, luck,...

...guidance, visions, insight, family, wishes, celebrating li...

...dship, courage, attracts love, honesty, good health, emo...

...mprovement, influence, motivation, peace, rebirth, self p...

...ine power, freedom, optimism, new beginnings, vernal e...

...ation, sun, apple blossom, columbine, crocus, daffodil,...

..., honeysuckle, jasmine, jonquil, lilac, narcissus, orange b...

...se, rose, the fool, the magician, the priestess, justice,...

El ritual es la parte ceremonial de tu práctica. El momento en el que lo reúnes todo y presentas tus deseos, junto con tu honor y tu reverencia, a las deidades con las que has elegido trabajar para una ocasión específica, una circunstancia o un evento. Aunque los rituales suelen ser serios, también pueden ser ligeros y divertidos, siempre que se realicen con respeto hacia uno mismo, hacia los demás y hacia vuestras deidades.

Esta sección se dividirá en tres rituales diferentes (pero similares). El primero es un ritual del Ostara para practicantes en solitario. El segundo es un ritual del Ostara para grupos como aquelarres o grupos públicos más grandes, mientras que el tercer ritual del Ostara está escrito para dos personas.

Ritual del Ostara para una sola persona

Propósito:

Invocar el favor de los cuatro elementos y del Dios y de la Diosa para pedirles que te ayuden a restaurar el equilibrio en tu vida.

Entorno:

Exterior; si el clima es tan incómodo como para suponer una distracción, o perjudicar o dañar de alguna manera al ritual y al propio practicante, entonces busca una ubicación interior donde realizarlo.

Suministros:

Altar decorado con representaciones de la tierra, el aire, el agua, el fuego, el Dios y la Diosa.

Preparaciones previas al ritual:

Prepara el altar, asegurándote de incluir representaciones de los cuatro elementos (tierra, aire, agua y fuego), junto a representaciones del Dios y de la Diosa. Las representaciones de los elementos deberían acercarse tanto como sea posible al elemento en cuestión. Por ejemplo, para el agua, usa agua. Puedes crear agua de luna especial para usar en tus rituales si dejas agua fuera toda la noche bajo la luna llena en un recipiente de cristal transparente. El elemento de la tierra debería estar representado por algo como la propia tierra, sal o arena. Quemar incienso es perfecto para el aire. Si tienes problemas con los aromas del incienso o el humo, también puedes soplar una pluma por el aire. El fuego debería ser fuego; puede tener la forma de una vela o incluso de una antorcha pequeña. Tus representaciones del Dios y de la Diosa pueden ser estatuas, imágenes o incluso velas: plateada para la Diosa, y dorada para el Dios.

Utiliza cualquiera de los elementos artesanales que has creado junto con algunas de las demás ideas para decorar tu altar y darle un aspecto agradable. Recuerda que aquí es donde vienes a honrar a tus deidades. Tómate tu tiempo para que el altar esté bonito, tanto para ellos como para ti. Muestra que de verdad te importa. Asegúrate también de incluir una ofrenda o dos de las que hemos mencionado en el capítulo anterior.

El ritual:

Comienza trazando tu círculo. A continuación, invoca a los elementos de esta manera:

Comienza con el este y sostén entre las manos tu representación del aire, mirando hacia el este mientras recitas:

> *Aire sagrado,*
> *bendecido por la Diosa,*
> *y torres del este,*
> *uníos a mí esta noche,*
> *en este día sagrado,*
> *de igual día e igual noche.*

Muévete hacia el sur, sostén entre las manos tu representación del fuego y, mirando hacia el sur, recita:

> *Fuego sagrado,*
> *bendecido por la Diosa,*
> *y torres del sur,*
> *uníos a mí esta noche,*
> *en este día sagrado,*
> *de igual día e igual noche.*

Dirígete hacia el oeste y sostén tu representación del agua entre las manos. Mirando hacia el oeste, recita:

> *Agua sagrada,*
> *bendecida por la Diosa,*
> *y torres del oeste,*
> *uníos a mí esta noche,*
> *en este día sagrado,*
> *de igual día e igual noche.*

Dirígete hacia el norte y sostén tu representación de la tierra entre las manos. Mirando hacia el norte, recita:

Tierra sagrada,
bendecida por la Diosa,
y torres del norte,
uníos a mí esta noche,
en este día sagrado,
de igual día e igual noche.

A continuación, invita a la Diosa a unirse a ti. Sostén en el aire tu representación de la Diosa, o enciende una vela para ella, y recita:

Diosa Doncella pronta a ser Madre,
conocida por muchos nombres,
invoco tu presencia aquí,
en este día de equilibrio,
de igual noche e igual día,
en este día de comienzos,
para unirte a mí en celebración y regocijo
por la concepción del niño,
el hijo del sol que se volverá más fuerte cada día
hasta su nacimiento en el Yule.
Diosa de la tierra,
Diosa de todas las cosas vivas,
Diosa de la primavera,
únete ahora a mí.

Después, invita al Dios. Sostén en el aire tu representación de él, o enciende una vela para él, y recita:

Robusto Señor pronto a ser Padre,
conocido por muchos nombres,

invoco tu presencia aquí,
en este día de equilibrio,
de igual noche e igual día,
en este día de comienzos,
para unirte a mí en celebración y regocijo
por la concepción del niño,
tu hijo, que se convertirá en ti en el Yule,
el día de su nacimiento.
Diosa de la tierra,
Dios de todas las cosas vivas,
Dios de la primavera,
únete ahora a mí.

Tómate un momento para centrarte antes de continuar, y después, cuando estés preparado, recita:

Hoy es el día del equinoccio de primavera.
Es el día que la tierra despierta
y los arroyos fluyen una vez más.
La savia recorre los árboles,
transportando el anuncio de la nueva vida.
La nieve se funde y la hierba se reverdece,
y pronto el aroma de las flores flotará con la brisa.
La tierra ha cobrado vida una vez más.

Hoy es un día de equilibrio y un día de nuevos comienzos.
La luz y la oscuridad están en equilibrio.
El día de hoy trae el amanecer de una nueva primavera.

Al igual que cada final trae un nuevo principio,
cada nuevo principio tendrá también un final.
Hoy la tierra comienza a despertar de su letargo
y comienza un nuevo año de crecimiento.

El día de hoy nos trae el amanecer
de una nueva primavera,

de un nuevo año, de una nueva vida.

La tierra pone en marcha el proceso de crecimiento,
de cambio,de prosperidad, de transformación,
hasta finalmente morir.
Pero, por hoy,
nos trae el amanecer de una nueva primavera.

Al igual que la tierra comienza su ciclo de una nueva vida,
yo también debo comenzar un ciclo de una nueva vida.
Al igual que la tierra está en equilibrio con el sol y la luna,
con el día y la noche,
yo también he de estar en equilibrio con el mundo,
con mi entorno,
con mis deidades, y dentro de mi propio ser.
Cada parte de mi vida
(espíritu, mente, cuerpo y alma)
ha de obtener equilibrio,
para que ninguna pese más que otra,
para que todas cumplan
papeles igualados en mi vida.

Mientras realizo esta meditación,
os pido vuestra guía y vuestra dirección,
y que señaléis cualquier área
que necesite en especial mi atención
para poder ocuparme de ella
y conseguir el equilibrio que tanto deseo.

En este momento, realiza la «Meditación para evaluar el equilibrio en tu vida» que está en el capítulo anterior. Asegúrate de que cualquier vela que enciendas no suponga ningún peligro mientras haces la meditación. Cuando termines, tómate unos momentos para ordenar tus pensamientos y después continúa con lo siguiente:

Sé que tengo que hacer cambios en mi vida
para que llegue al equilibrio en el que debo estar.
Las áreas de mi vida que no están en equilibrio son:

Haz una lista de lo que te has percatado que no está en equilibrio gracias a la meditación anterior.

Para restaurar este equilibrio,
esta primavera hay nuevos comienzos que quiero realizar,
y pido a mi Señor y a mi Dama que me guíen en mi camino.

Tómate tu tiempo para pensar en los nuevos comienzos que deseas. Puedes escribirlos si quieres, o tan solo hacer una lista mental, pero asegúrate de que los recuerdas todos, porque tendrás que recitarlos. Una vez tengas la lista preparada, sigue adelante y continúa.

Los nuevos comienzos
para los que me preparo y me comprometo son:

Lee o recita tu lista.

Estos cambios son necesarios y deseados
para restaurar
el equilibrio completo en mí y en mi vida.
Os pido fuerza y guía mientras recorro
el camino que yace ante mí.

Los cambios no siempre son fáciles,
pero pueden conducir
a circunstancias mejores,
así que trabajaré duro para que
estas transformaciones
sean parte de mi vida diaria,
para asegurarme de lograr el equilibrio
y de que sea una constante en mi existencia.

Los nuevos comienzos pueden ser difíciles,
pero tengo la fuerza para superarlos.
La fuerza del año viejo continúa adelante
y entra en un nuevo ciclo.

Haré una práctica de meditación
sobre lo que el futuro alberga para mí.
Haré esta práctica ahora mismo,
en este momento y en este lugar.

En este momento, realiza la «Meditación de los nuevos comienzos» del capítulo anterior. Cuando hayas terminado, tómate unos momentos para ordenar tus pensamientos antes de continuar con lo siguiente:

Aunque mi camino no siempre esté claro,
y a veces mi futuro parezca nublado,
continuaré por el sendero
que sé que debo seguir,
trabajaré duro para obtener y lograr
mis objetivos,

y continuaré apuntando
cada vez más alto,
sin retroceder ni rendirme jamás.

Si alguna vez tropiezo y caigo,
volveré a levantarme
y continuaré por donde estaba.

No dejaré que los obstáculos
me abrumen o me disuadan
de seguir adelante en mi camino.
Seguiré luchando por lo que tengo que hacer,
y me enfrentaré a mis desafíos internos o externos
cuando intenten detenerme o ralentizarme.

No escucharé la negatividad
de los que me rodean.
Me rodearé de los que estén dispuestos
a apoyarme y defenderme.
Me rodearé de los que piensen igual
y estén dispuestos a trabajar
para lograr sus objetivos
de la misma manera.

Apoyaré a los que me apoyen a mí.
Ayudaré a los que lo necesiten
y los apoyaré también en su viaje.

La primavera es el momento
de plantar las semillas,
y estas semillas las planto en mi interior.
La primavera es el momento
para la esperanza.
Es el momento para el deseo.
Es el momento para nuevas ideas e inspiración.

Caminaré de la mano con el Señor y la Dama,

para continuar mi camino
con uno a cada lado de mí.
Seguiré su guía con gracia y placer.
Me liberaré de la oscuridad del pasado
y comprenderé
que la incerteza no siempre es mi enemiga,
sino que podría ser mi aliada.
Que la luz que viene ilumine el camino
que se extiende ante mí.
Mantendré la fe cerca de mí
y la protegeré entre mis brazos.
Presento estas ofrendas ante el Señor y la Dama.

Levanta las ofrendas en el aire y di lo que son.

Doy estos regalos para honrar el amor
y la devoción que deseo expresar,
y para dar las gracias al Señor y a la Dama
por su guía, su amor y su apoyo.
Os honro con estos regalos.

Vuelve a colocar las ofrendas sobre el altar.

El tiempo para los cambios es ahora,
y me he comprometido a hacerlos en mi vida.

Sostén en alto la representación del Dios y di:

A mi Señor,
te doy las gracias por tu presencia y tu amor.
Me despido de ti con devoción.
Aléjate de mí cuando así lo consideres.

Si tu representación es una vela, sóplala ahora.

A continuación, sostén en alto la representación de la Diosa y recita:

A mi Dama,
te doy las gracias por tu presencia y tu amor.
Me despido de ti con devoción.
Aléjate de mí cuando así lo consideres.

Si tu representación es una vela, sóplala ahora.
Dirígete hacia el este y di:

Torre del este,
aire bendito,
que nos das vida a todos,
aléjate de mí
cuando así lo consideres.

Dirígete hacia el sur y di:

Torre del sur
fuego bendito,
que nos das calor a todos,
aléjate de mí
cuando así lo consideres.

Dirígete hacia el oeste y di:

Torre del oeste,
agua bendita,
fuente de vida,
me despido de ti con devoción,
aléjate de mí
cuando así lo consideres.

Dirígete hacia el norte y di:

Torre del norte
tierra bendita,
hogar donde crecen todas las semillas,
aléjate de mí
cuando así lo consideres.

El círculo permanecerá abierto pero inquebrantable.

Ritual del Ostara para un aquelarre u otro grupo grande

Este ritual es diferente al anterior por el simple hecho de que hay más participantes. Cuando se realizan rituales en grupo, la gente no quiere quedarse plantada y escuchar a una o dos personas hablando o recitando con voz monótona. Eso es un sermón, no un ritual participativo, y no trasladaría lo suficiente a la gente la emoción del Sabbat. Aunque este ritual tendrá los mismos temas que el ritual en solitario y algunos de los mismos aspectos, se presentará de forma diferente. De una forma en la que la gente pueda realizar un papel activo en lugar de una actitud pasiva.

Propósito:

Invocar el favor de los cuatro elementos y del Dios y de la Diosa para pedirles que ayuden a cada persona a restaurar el equilibrio en su vida.

Entorno:

Exterior; si el clima es tan incómodo como para suponer una distracción, o perjudicar o dañar de alguna manera al ritual y a los propios practicantes, entonces buscad una ubicación interior donde realizarlo.

Suministros:

Tres altares decorados con representaciones de la tierra, el aire, el agua, el fuego, el Dios y la Diosa.

Preparaciones previas al ritual:

Para empezar, necesitaréis tres altares separados. Distanciadlos entre sí todo lo que podáis. Si os encontráis en una ubicación pequeña, tal vez tengáis que tenerlos muy cerca entre sí, pero al menos intentad colocarlos en direcciones diferentes si es posible. Si podéis realizar este ritual en el exterior, haced buen uso del espacio que tengáis y separadlos tanto como podáis.

El primer altar es el altar de los elementos y las deidades. Debería incluir representaciones de los elementos y las deidades con las que va a trabajar el grupo. Las representaciones de los elementos deberían acercarse tanto como sea posible al elemento en cuestión. Por ejemplo, para el agua, usa agua. Puedes crear agua de luna especial para usar en tus rituales si dejas agua fuera toda la noche bajo la luna llena en un recipiente de cristal transparente. El elemento de la tierra debería estar representado por algo como la propia tierra, sal o arena. Quemar incienso es perfecto para el aire. Si la gente tiene problemas con los aromas del incienso o el humo, también podéis soplar una pluma por el aire. El fuego debería ser fuego; puede tener la forma de una vela o incluso de una antorcha pequeña. Las representaciones del Dios y de la Diosa pueden ser estatuas, imágenes o incluso velas: plateada para la Diosa, y dorada para el Dios.

Cada miembro del aquelarre debería responsabilizarse de alguna clase de decoración. Utilizad cualquiera de las manualidades de este libro junto con algunas de las demás ideas para decorar el altar y darle un aspecto agradable. Aquí es donde el grupo viene a honrar a sus deidades. Tomaos vuestro tiempo para que el altar esté bonito, tanto para las deidades como para el grupo. Mostrad que de verdad os importa. Aseguraos también de incluir una ofrenda o dos de las que hemos mencionado en el capítulo anterior. Este también podría ser un trabajo para otra persona.

El segundo altar será el altar del equilibrio. Este altar debería mostrar que toda cosa tiene su opuesto, y eso es lo que da equilibrio al universo. Por ejemplo, una imagen o una estatua que contengan una luna y un sol, o una de esas balanzas con platillos a cada lado son cosas que deberían funcionar. Este altar debería tener una o dos personas para supervisarlo y para realizar el trabajo que tendrá lugar aquí.

El tercer altar es el altar de los nuevos comienzos. Este altar debería incluir representaciones del concepto de los nuevos comienzos. Ciertas decoraciones del Ostara se prestan bien a este concepto, como los huevos o animales bebés de pollitos o conejitos. También podéis incluir listas de los nuevos comienzos que desean emprender los miembros del grupo. Que cada uno de los miembros haga las listas de antemano, en papel bonito y decorativo. Los tablones decorativos también pueden ser un añadido estupendo, y deberían prepararse también con antelación. Puedes dar a los miembros del grupo instrucciones por adelantado para que traigan los objetos necesarios, o montar unos talleres antes del ritual para crearlos ese mismo día. Este altar debería tener una o dos personas que lo supervisen y que realicen el trabajo que tendrá lugar aquí.

El ritual:

Cuando realizas un ritual en grupo, hay que purificar a cada uno de los participantes antes de que entren en el espacio sagrado. El número de personas que haya dictará cómo hacer esto. Para grupos más pequeños, puedes ungir a cada persona con aceite purificador antes de que entre en el espacio sagrado. Sin embargo, si estás organizando un enorme ritual público, lo cierto es que no es realista ungir a sesenta personas. En lugar de eso, puedes utilizar recipientes a prueba de fuego, como calderos, para quemar salvia a cada lado de la entrada. De este modo, cada participante tendrá que acceder a través del humo. En lugar de la salvia, también podéis poner pastillas de carbón en los calderos y echar unas cuantas gotas de aceite sobre ellas mientras la gente pasa. Para hacer esto, puede haber una persona junto a cada caldero para que añada unas cuantas gotas más cada vez que el humo comience a desaparecer.

En cuanto todo el mundo haya entrado en el espacio sagrado, habrá que invocar un círculo alrededor del grupo. Por lo general, esto lo hace un sumo sacerdote, una suma sacerdotisa, o ambos. Si tu grupo no emplea un sistema de jerarquía, entonces cualquiera puede invocar el círculo.

A continuación, hay que llamar a los elementos. Una persona diferente debería invocar a cada uno de ellos.

Comienza con la persona que llame al aire. La persona que esté en el este deberá coger la representación del aire y sujetarla en alto entre las manos, para que todo el mundo la vea, y después pedir a todos que miren hacia el este con él o con ella. Cuando esté listo o lista, la persona deberá recitar:

Aire sagrado, bendecido por la Diosa,
y torres del este,
uníos a mí esta noche,
en este día sagrado,
de igual día
e igual noche.

Después, la persona que se encuentre al sur deberá coger la representación del fuego y sujetarla en alto entre las manos, para que todo el mundo la vea, y después pedir a todos que miren hacia el sur con él o con ella. Cuando esté listo o lista, la persona deberá recitar:

Fuego sagrado,
bendecido por la Diosa,
y torres del sur,
uníos a mí esta noche,
en este día sagrado,
de igual día e igual noche.

Entonces, la persona que se encuentre al oeste deberá coger la representación del agua y sujetarla en alto entre las manos, para que todo el mundo la vea, y después pedir a todos que miren hacia el oeste con él o con ella. Cuando esté listo o lista, la persona deberá recitar:

Agua sagrada,
bendecida por la Diosa,
y torres del oeste,
uníos a mí esta noche,
en este día sagrado,
de igual día e igual noche.

A continuación, la persona que se encuentre al norte deberá coger la representación de la tierra y sujetarla en alto entre las manos, para que todo el mundo la vea, y después pedir a todos que miren hacia el norte con él o con ella. Cuando esté listo o lista, la persona deberá recitar:

Tierra sagrada,
bendecida por la Diosa,
y torres del norte,
uníos a mí esta noche,
en este día sagrado,
de igual día e igual noche.

Entonces, hay que invitar a la Diosa a unirse al grupo. Esto también lo suele hacer una suma sacerdotisa o un sumo sacerdote, pero no tiene por qué ser así. Esta persona deberá sostener en el aire la representación de la Diosa, o encender una vela para ella, y recitar:

Diosa Doncella pronta a ser Madre,
conocida por muchos nombres,
invocamos tu presencia aquí,
en este día de equilibrio,
de igual noche e igual día,
en este día de comienzos,
para unirte a nosotros en celebración y regocijo
por la concepción del niño,
el hijo del sol que se volverá más fuerte cada día
hasta su nacimiento en el Yule.
Diosa de la tierra,
Diosa de todas las cosas vivas,
Diosa de la primavera,
únete ahora a nosotros.

Por último, hay que invitar al Dios. De nuevo, esto lo suele hacer el sumo sacerdote o la suma sacerdotisa, pero quienquiera que lo haga tendrá que sostener en el aire la representación del Dios, o encender una vela para él, y recitar:

Robusto Señor pronto a ser Padre,
conocido por muchos nombres,
invocamos tu presencia aquí,
en este día de equilibrio,
de igual noche e igual día,
en este día de comienzos,

para unirte a nosotros en celebración y regocijo
por la concepción del niño,
tu hijo, que se convertirá en ti en el Yule,
el día de su nacimiento.
Dios de la tierra,
Dios de todas las cosas vivas,
Dios de la primavera,
únete ahora a nosotros.

Si tenéis un sumo sacerdote o una suma sacerdotisa, uno de ellos debería tomar el mando ahora, si no, otra persona puede tomar el control para esta parte. Esta persona tiene que asegurarse de caminar alrededor de los demás y estar animada mientras dice lo siguiente:

Hoy es el día
del equinoccio de primavera.
Es el día que la tierra despierta
y los arroyos fluyen una vez más.
La savia recorre los árboles,
transportando el anuncio de la nueva vida.

La nieve se funde
y la hierba se reverdece,
y pronto el aroma de las flores
flotará con la brisa.
La tierra ha cobrado vida una vez más.

Hoy es un día de equilibrio
y un día de nuevos comienzos.
La luz y la oscuridad están en equilibrio.

El día de hoy trae el amanecer
de una nueva primavera.
Al igual que la tierra comienza su ciclo
de una nueva vida,

nosotros también debemos comenzar un ciclo
de una nueva vida.
Al igual que la tierra está en equilibrio
con el sol y la luna, con el día y la noche,
nosotros también hemos de estar en equilibrio
con el mundo, con nuestro entorno,
con nuestras deidades,
y dentro de nuestro propio ser.

En este momento, la persona o las personas que estén supervisando el altar del equilibrio, deberán tomar el mando y decir:

Cada parte de nuestra vida (espíritu, mente, cuerpo y alma)
ha de obtener equilibrio, para que ninguna pese más que otra,
para que todas cumplan papeles igualados en nuestra vida.
Ahora, tomaos un momento para acercaros a este altar
y contemplar los símbolos del equilibrio.
Meditad brevemente sobre lo que no tiene equilibrio en vuestra
vida.

Los supervisores deberán seguir invitando a la gente a acercarse al altar. Cuando se acerquen, tendrán que hacerles preguntas como «¿Qué cosas no están en equilibrio en tu vida?», o «¿Qué partes de tu vida predominan sobre todo y qué partes están en un segundo plano?». El número de personas con las que estéis trabajando dictará la duración de este proceso. La mayoría de la gente se quedará solo unos pocos minutos, y puede haber varias alrededor del altar al mismo tiempo.

En cuanto todo el mundo haya tenido su oportunidad de acercarse al altar, el supervisor debería cerrar el altar diciendo:

Tenemos que hacer
cambios en nuestra vida

para que llegue al equilibrio
en el que debe estar.
Para restaurar este equilibrio,
esta primavera hay nuevos comienzos
que queremos realizar,
y pedimos a nuestro Señor y a nuestra Dama
que nos guíen en nuestro camino.

En este momento, las personas que supervisan el altar de los nuevos comienzos tendrán que tomar el mando y decir:

Los nuevos comienzos son inevitables
para hacer cambios necesarios en nuestras vidas.
Ahora, tomaos un momento para acercaros a este altar
y contemplar los símbolos de los nuevos comienzos.
Meditad brevemente sobre los nuevos inicios
que necesitáis en vuestra vida.

Los supervisores deberán seguir invitando a la gente a acercarse al altar y hacerles preguntas como «¿Qué nuevos comienzos tienes planeado?», o «¿Qué cambios quieres hacer en tu vida?». En cuanto todo el mundo haya tenido su oportunidad de acercarse al altar, el supervisor debería cerrarlo diciendo:

Estos cambios que están en las mentes de nuestra gente hoy
son necesarios y deseados para restaurar
el equilibrio completo en nuestra vida.
Os pedimos fuerza y guía mientras recorremos
el camino que yace ante nosotros.
Los cambios no siempre son fáciles,
pero pueden conducir a circunstancias mejores,
así que trabajaremos duro
para que estas transformaciones

sean parte de nuestra vida diaria,
para asegurarnos de lograr el equilibrio
y de que sea una constante en nuestra existencia.

El líder del ritual debería tomar el mando de nuevo y decir:

Los nuevos comienzos pueden ser difíciles,
pero tenemos la fuerza para superarlos.
La fuerza del año viejo continúa adelante
y entra en un nuevo ciclo.

Aunque nuestro camino no siempre esté claro,
y a veces nuestro futuro parezca nublado,
continuaremos por el sendero
que sabemos debemos seguir,
trabajaremos duro para obtener y lograr nuestros objetivos,
y continuaremos apuntando cada vez más alto,
sin retroceder ni rendirnos jamás.

La primavera es el momento de plantar las semillas,
y estas semillas las plantamos en nuestro interior.
La primavera es el momento para la esperanza.
Es el momento para el deseo.
Es el momento para nuevas ideas e inspiración.

Caminaremos de la mano con el Señor y la Dama,
para continuar nuestro camino,
y seguiremos su guía con gracia y placer.
Presentamos estas ofrendas ante el Señor y la Dama.

En este momento, hay que levantar las ofrendas en el aire y decir lo que son.

Damos estos regalos para honrar el amor
y la devoción que deseamos expresar,
y para dar las gracias al Señor y a la Dama

por su guía, su amor y su apoyo.
Os honramos con estos regalos.

Entonces, hay que volver a colocar las ofrendas sobre el altar.

El tiempo para los cambios es ahora,
y nos hemos comprometido a hacerlos en nuestra vida.

El líder sostendrá en alto la representación del Dios y dirá:

A nuestro Señor, te damos las gracias por tu presencia y tu amor.
Nos despedimos de ti con devoción.
Aléjate de nosotros cuando así lo consideres.

Si la representación es una vela, la puede soplar ahora. A continuación, el líder sostendrá en alto la representación de la Diosa y dirá:

A nuestra Dama,
te damos las gracias por tu presencia y tu amor.
Nos despedimos de ti con devoción.
Aléjate de nosotros cuando así lo consideres.

Si la representación es una vela, la puede soplar ahora. La persona que se encuentre al este deberá dar instrucciones para que todo el mundo mire al este mientras recita:

Torre del este,
aire bendito,
que nos das vida a todos,
aléjate de nosotros cuando así lo consideres.

La persona que se encuentre al sur deberá dar instrucciones para que todo el mundo mire al sur mientras recita:

Torre del sur
fuego bendito,
que nos das calor a todos,
aléjate de nosotros
cuando así lo consideres.

La persona que se encuentre al oeste deberá dar instrucciones para que todo el mundo mire al oeste mientras recita:

Torre del oeste,
agua bendita,
fuente de vida,
nos despedimos de ti con devoción.
aléjate de nosotros
cuando así lo consideres.

La persona que se encuentre al norte deberá dar instrucciones para que todo el mundo mire al norte mientras recita:

Torre del norte
tierra bendita,
hogar donde crecen todas las semillas,
aléjate de nosotros
cuando así lo consideres.

Todas las personas que estén realizando el ritual deberán terminar diciendo:

El círculo permanecerá abierto pero inquebrantable.

Ritual del Ostara para dos personas

Este ritual está diseñado para que lo realicen solo dos personas. Pueden ser dos personas cualesquiera, no tienen que ser un hombre y una mujer. Es un ritual que pueden realizarlo cónyuges, amigos, hermanos, e incluso un padre o madre con su hijo o hija.

Como este ritual tiene mucho que ver con el equilibrio, tendréis que compartir las responsabilidades a la hora de realizar el ritual en sí. También tendréis que compartir la preparación previa. Para este ritual, tendréis que preparar el altar tal como lo haríais si estuvierais realizando un ritual en solitario.

Propósito:

Invocar el favor de los cuatro elementos y del Dios y de la Diosa para pedirles que ayuden a cada persona a restaurar el equilibrio en su vida.

Entorno:

Exterior; si el clima es tan incómodo como para suponer una distracción, o perjudicar o dañar de alguna manera al ritual y a vosotros mismos, entonces buscad una ubicación interior donde realizarlo.

Suministros:

Un altar decorado con representaciones de la tierra, el aire, el agua, el fuego, el Dios y la Diosa.

Preparaciones previas al ritual:

Preparad el altar asegurándoos de incluir representaciones de los cuatro elementos (tierra, aire, agua y fuego) junto a representaciones del Dios y de la Diosa. Las representaciones de los elementos deberían acercarse tanto como sea posible al elemento en cuestión. Por ejemplo, para el agua, usad agua. Puedes crear agua de luna especial para usar en tus rituales si dejas agua fuera toda la noche bajo la luna llena en un recipiente de cristal transparente. El elemento de la tierra debería estar representado por algo como la propia tierra, sal o arena. Quemar incienso es perfecto para el aire. Si la gente tiene problemas con los aromas del incienso o el humo, también podéis soplar una pluma por el aire. El fuego debería ser fuego; puede tener la forma de una vela o incluso de una antorcha pequeña. Las representaciones del Dios y de la Diosa pueden ser estatuas, imágenes o incluso velas: dorada para el Dios, y plateada para la Diosa.

Utilizad cualquiera de los elementos de artesanía que hayáis creado junto con algunas de las demás ideas para decorar vuestro altar y darle un aspecto agradable. Cada participante debería hacer al menos una decoración para el altar. Recordad que aquí es donde venís a honrar a vuestras deidades. Tomaos vuestro tiempo para que el altar esté bonito, tanto para las deidades como para vosotros. Mostrad que de verdad os importa. Aseguraos también de incluir una ofrenda o dos de las que hemos mencionado en el capítulo anterior.

El ritual:

Comenzad trazando un círculo. A continuación, invocad a los elementos de la siguiente manera:

Comenzad con la representación del aire. Una de las personas tendrá que sujetarlo entre las manos y, mientras los dos miráis al este, recitará:

Aire sagrado,
bendecido por la Diosa,
y torres del este,
uníos a mí esta noche,
en este día sagrado,
de igual día e igual noche.

La segunda persona deberá moverse hacia el sur y sujetar la representación del fuego en las manos y, mientras los dos miráis al sur, recitará:

> *Fuego sagrado,*
> *bendecido por la Diosa,*
> *y torres del sur,*
> *uníos a mí esta noche,*
> *en este día sagrado,*
> *de igual día e igual noche.*

La primera persona deberá moverse ahora hacia el oeste y sujetar la representación del agua en las manos y, mientras los dos miráis al oeste, recitará:

> *Agua sagrada,*
> *bendecida por la Diosa,*
> *y torres del oeste,*
> *uníos a mí esta noche,*
> *en este día sagrado,*
> *de igual día e igual noche.*

La otra persona deberá moverse hacia el norte y sujetar la representación de la tierra en las manos y, mientras los dos miráis al sur, recitará:

> *Tierra sagrada,*
> *bendecida por la Diosa,*
> *y torres del norte,*
> *uníos a mí esta noche,*
> *en este día sagrado,*
> *de igual día e igual noche.*

Entonces, tenéis que invitar a la Diosa a unirse a vosotros. Si una de las personas es mujer, esta deberá sostener en el aire la representación de la Diosa, o encender una vela para ella, y recitar:

Diosa Doncella
pronta a ser Madre,
conocida por muchos nombres,
invocamos tu presencia aquí,
en este día de equilibrio,
de igual noche e igual día,
en este día de comienzos,
para unirte a nosotros en celebración
y regocijo por la concepción del niño,
el hijo del sol que se volverá más fuerte cada día
hasta su nacimiento en el Yule.
Diosa de la tierra,
Diosa de todas las cosas vivas,
Diosa de la primavera,
únete ahora a nosotros.

A continuación, invitad al Dios. Si uno de los participantes es hombre, este tendrá que sostener en el aire la representación del Dios, o encender una vela para él, y recitar:

Robusto Señor
pronto a ser Padre,
conocido por muchos nombres,
invocamos tu presencia aquí,
en este día de equilibrio,
de igual noche e igual día,
en este día de comienzos,
para unirte a nosotros en celebración
y regocijo por la concepción del niño,
tu hijo, que se convertirá en ti en el Yule,
el día de su nacimiento.

Dios de la tierra,
Dios de todas las cosas vivas,
Dios de la primavera,
únete ahora a nosotros.

El que haya hablado el último deberá dejar al otro que hable a continuación. Turnaos a la hora de recitar las siguientes líneas para mantener el equilibrio entre los dos:

Hoy es el día del equinoccio de primavera.
Es el día que la tierra despierta
y los arroyos fluyen una vez más.
La savia recorre los árboles,
transportando el anuncio de la nueva vida.
La nieve se funde y la hierba se reverdece,
y pronto el aroma de las flores flotará con la brisa.
La tierra ha cobrado vida una vez más.

Hoy es un día de equilibrio
y un día de nuevos comienzos.
El día de hoy trae el amanecer
de una nueva primavera.
La luz y la oscuridad están en equilibrio.
Toda la existencia se une en equilibrio.

En este momento, los dos tendréis que turnaros y miraros mutuamente, uniendo ambas manos. Utilizando la lista de la próxima página como punto de partida, os turnaréis para decir un concepto. La otra persona responderá con su opuesto o su contraparte, y después dirá el primer concepto de la lista. La primera persona responderá con el opuesto de ese concepto y continuará con la siguiente palabra. Seguiréis así una y otra vez. Cada vez que uno diga una palabra o un concepto, el otro lo equilibrará con su opuesto. Cuando acabéis con toda la lista, pensad en más palabras por vuestra cuenta, y a ver cuántas parejas se os ocurren.

oscuridad	yin	día	activo
paz	amor	húmedo	mediodía
lento	blanco	perdido	hombre
aquí	vida	proteger	parar
izquierda	arriba	final	encima
perfecto	amigo	grueso	dolor
suave	fácil	último	abierto

Esto os dará un punto de partida para pasar a otros conceptos. Tomaos la libertad de saltar de unos a otros, o de utilizar en su lugar aquellos que se os ocurran. Cuando no podáis pensar en más, podréis soltaros las manos y continuar con el ritual.

En este momento, podéis realizar la «Meditación para evaluar el equilibrio en tu vida», del capítulo anterior. Cuando hayáis terminado, turnaos para continuar. La primera persona le hará la siguiente pregunta a la otra, que después tendrá que responderla (ya sea en voz alta o de forma silenciosa para sí mismo o misma), y después le hará la misma pregunta a la primera persona. Tomaos vuestro tiempo para pensar en las respuestas y responder de verdad a la pregunta. No tengas prisa, y no le metas prisa a la otra persona. Puede que hasta queráis sentaros durante este momento, para dar pie a un estado mental más meditativo mientras pensáis con profundidad en estas preguntas. Si os sentís lo bastante cómodos entre vosotros, podéis sentaros el uno frente al otro y cogeros de la mano. La primera persona dirá:

En este día de equilibrio,
tómate un momento para pensar,
un momento para reflexionar sobre tu vida.
¿Está tu vida en equilibrio, y, si no es así,
qué necesitas cambiar para que lo esté?

La segunda persona tendrá que responder. Sabrás cuándo ha terminado la otra persona si está respondiendo en silencio porque entonces responderá la misma pregunta para que tú la respondas. Cuando la primera persona termine de responder a la primera pregunta, podrá pasar a la siguiente.

La primavera es una época de comienzos, de nueva vida.
Al igual que las flores brotan del suelo,
y los capullos se convierten en hojas y flores,
la nueva vida nos rodea a todos.
¿Qué necesitas plantar para traer nuevo crecimiento a tu vida?

Esta pregunta se hace de la misma forma que la anterior, la segunda persona puede responder en voz alta o en silencio y, cuando acabe, tendrá que hacerle la misma pregunta a la primera persona. Cuando la primera persona termine de responder, él o ella tendrá que continuar con el ritual.

En este momento, os turnaréis otra vez para hablar, empezando por la primera persona.

Hemos declarado nuestros deseos, nuestras necesidades,
para traer equilibrio y nuevo crecimiento a nuestras vidas.
Sea este crecimiento espiritual, emocional, mental o físico,
pedimos las bendiciones de nuestro Señor y nuestra Dama.
Pedimos fuerza y valor cuando los necesitemos.
Pedimos empatía y compasión cuando los necesitemos.
Ayudadnos a ver el camino que se abre ante nosotros.
Ayudadnos a iluminar nuestro camino.

Recitad lo siguiente juntos:

Presentamos estas ofrendas ante el Señor y la Dama.

Levantad las ofrendas en el aire y decid lo que son.

Damos estos regalos para honrar el amor
y la devoción que deseamos expresar,
y para dar las gracias al Señor y a la Dama
por su guía, su amor y su apoyo.
Os honramos con estos regalos.

Colocad las ofrendas de nuevo sobre el altar.
Ahora, comenzad a cerrar el ritual. Si hay un hombre presente, este deberá sostener en alto la representación del Dios y decir:

A nuestro Señor,
te damos las gracias por tu presencia y tu amor.
Nos despedimos de ti con devoción.
Aléjate de nosotros cuando así lo consideres.

Si la representación es una vela, la puede soplar ahora.
Si hay una mujer presente, esta deberá sostener en alto la representación de la Diosa y decir:

A nuestra Dama,
te damos las gracias por tu presencia y tu amor.
Nos despedimos de ti con devoción.
Aléjate de nosotros cuando así lo consideres.

Si la representación es una vela, la puede soplar ahora.
Mirad los dos hacia el este mientras uno de los dos recita:

Torre del oeste,
agua bendita,
fuente de vida,
nos despedimos de ti con devoción.
aléjate de nosotros cuando así lo consideres.

Mirad los dos hacia el norte mientras el otro recita:

Torre del norte
tierra bendita,
hogar donde crecen todas las semillas,
aléjate de nosotros cuando así lo consideres.

Mirad los dos hacia el este mientras la primera persona recita:

Torre del este,
aire bendito,
que nos das vida a todos,
aléjate de nosotros cuando así lo consideres.

Mirad los dos hacia el sur mientras la segunda persona recita:

Torre del sur
fuego bendito,
que nos das calor a todos,
aléjate de nosotros cuando así lo consideres.

Decid los dos juntos:

El círculo permanecerá abierto pero inquebrantable.

CORRESPONDENCIAS PARA EL OSTARA

ginnings, birth, renewal, rejuvenation, balance, fertility,

ngth, vernal equinox, sun enters Aries, Libra in the

reen Man, Amalthea, Aphrodite, Blodeuwedd, Eostr

Flora, Freya, Gaia, Guinevere, Persephone, Libera

el, Umaj, Vila, Aengus MacOg, Cernunnos, Herma,

na, Mabon Osiris, Pan, Thor, abundance, growth, heal

healing, patience understanding virtue, spring, honor, co

abilities, spiritual truth, intuition, receptivity, love, in

vement, spiritual awareness, purification, childhood, inn

, creativity, communication, concentration, divination,

lities, prosperity, attraction, blessings, happiness, luck,

guidance, visions, insight, family, wishes, celebrating l

dship, courage, attracts love, honesty, good health, emo

mprovement, influence, motivation, peace, rebirth, self-p

ine power, freedom, optimism, new beginnings, vernal e

ation, sun, apple blossom, columbine, crocus, daffodil,

, honeysuckle, jasmine, jonquil, lilac, narcissus, orange b

ose, rose, the fool, the magician, the priestess, justice,

Concentración espiritual y palabras clave

Cambio
Equilibrio
Fertilidad
Fuerza creciente
Luz
Nacimiento
Nuevos comienzos
Rejuvenecimiento
Renacimiento
Renovación

Concentración mágica

Abundancia
Cambio
Crecimiento
Equilibrio
Fertilidad
Lujuria
Nuevo amor
Nuevos comienzos
Pasión
Prosperidad
Purificación

Acciones sugeridas

Hogueras
Crear espacios sagrados y altares en el exterior
Adivinaciones centradas en el próximo año y en traer equilibrio a la propia vida
Planificar y crear jardines de hadas, flores y verduras
Purificar y proteger el hogar y a todos los que viven en él, incluidos los animales.

Momentos astrológicos y planetas asociados

El equinoccio de primavera señala el momento en el que el sol llega a su cenit, el punto en la esfera celeste justo por encima del ecuador. El sol entra en el signo de Aries en el hemisferio norte, y el de libra en el hemisferio sur.

Arquetipos

FEMENINOS
Diosa de la fertilidad
La Diosa en su forma de Doncella
Madre de la Tierra

MASCULINOS
El Dios en forma de un hombre joven y lujurioso que pronto se convertirá en padre
El Dios de lo salvaje
El Hombre Verde

Deidades y héroes

DIOSAS
Amaltea (griega)

Afrodita/Venus (grecorromana)
Blodewedd (galesa)
Eos (griega)
Eostre (germánica)
Epona (celta)
Flora (romana)
Freya (nórdica)
Gaia (griega)
Ginebra (galesa/artúrica)
Libera (romana)
Maya (griega)
Perséfone (griega)
Rati (hindú)
Renpet (egipcia)
Umaj (rusa)
Vila (eslava)

Dioses
Aengus MacOg (irlandés)
Cernunnos/Herne (anglo-celta)
El Dagda (irlandés)
Eros/Cupido (grecorromano)
El Hombre verde (europeo/norteamericano)
Kama (hindú)
Mabon (anglo-galés)
Osiris (egipcio)
Pan (griego)
Thor (nórdico)

Colores

Amarillo: Atracción, creatividad, comunicación, alegría, planificación, habilidades psíquicas, el sol, vitalidad.
Azul claro: Calma, paciencia, tranquilidad, comprensión.

Blanco: Infancia, limpieza, adivinación, sanación, inocencia, paz, protección, purificación, verdad.

Plateado: La Diosa, intuición, el yo interno, noche, habilidades psíquicas, receptividad, verdad espiritual.

Rosa: Afecto, satisfacción, armonía, honor, amor, sanación espiritual, primavera, ternura, virtud.

Verde: Abundancia, calma, fertilidad, crecimiento, salud, nuevos comienzos, prosperidad.

Violeta: Sanación, intuición, mejora de uno mismo, conciencia espiritual.

Hierbas:

Hierba de limón: Conciencia psíquica, purificación.

Jalapa: Atracción, bendiciones, adivinación, felicidad, amor, suerte, paz, prosperidad, habilidades psíquicas, fuerza, apoyo, bienestar.

Musgo de Irlanda: Suerte, dinero.

Retama: Calma, comunicación, concentración, adivinación, armonía, intuición, prosperidad, purificación.

Árboles

Aliso: Claridad, adivinación, guía, intuición, renacimiento, renovación, transformación, verdad, visiones.

Espino: Creatividad, familia, fertilidad, felicidad, amor, suerte, paz, prosperidad, pureza, relaciones, trabajo en uno mismo, deseos.

Manzano: Atracción, belleza, comienzos, bendiciones, adivinación, fertilidad, inocencia, percepción, amor, renovación, relaciones, fuerza, bienestar.

Flores

Copa de rey: Valor.

Azafrán: Atrae el amor.

Azahar: Belleza, amor, matrimonio.

Flor del manzano: Celebrar los ciclos de la vida, amistad, amor, paz.

Jazmín: Sueños, amor, paz, sexo, espiritualidad.

Junquillo: Afecto, amor.

Lila: Belleza, amor, protección, purificación, revela las vidas pasadas.

Madreselva: Honestidad, conciencia psíquica, prosperidad.

Margarita: Atrae el amor y la lujuria.

Narciso: Fertilidad, honrar a los dioses y las diosas de la primavera, amor, deseo, armonía, amor, paz.

Prímula: Atrae a las hadas de la primavera y al amor.

Rosa: Belleza, amor, suerte, paz, protección, poderes psíquicos, sexo.

Tulipán: Sueños, felicidad, amor, purificación.

Violetas: Sanación, amor, suerte, lujuria, paz, sueño, sanación espiritual, deseos.

Cristales y piedras

Ágata: Valor, amor, protección, fuerza.

Aguamarina: Valor, paz, conciencia psíquica, purificación, autoexpresión.

Heliotropo: Valor, autoconfianza, fuerza.

Metales

Plata: Ambición, atracción, comienzos, calma, creatividad, emociones, energía, mejora, influencia, intuición, amor, suerte, lujuria, motivación, paz, prosperidad, habilidades psíquicas, purificación.

Animales, tótems y criaturas míticas

Abejas: Simbolizan la nueva vida y la nueva salud, y producen miel, un regalo de los dioses.

Caballo: Simboliza el poder femenino y la libertad, el regreso de la Diosa desde el inframundo, trayendo la primavera.

Carnero: Simboliza el poder masculino joven, en particular el de naturaleza lujuriosa, y el poder de procrear. También es el símbolo de Aries.

Conejo: Un símbolo de la fertilidad, ya que los conejos se multiplican con rapidez y en grandes números; también es símbolo de la prosperidad y la abundancia.

Erizo: Simboliza la autopreservación.

Fénix: Una criatura mítica de optimismo que simboliza el renacimiento y los nuevos comienzos.

Jabalí: Un símbolo del poder masculino. La carne del jabalí se servía a las deidades. Consumir la carne del jabalí te daba fuerza.

Mariposas: Simbolizan el renacimiento, ya que emergen de sus crisálidas convertidas en una criatura diferente.

Petirrojo: La primera señal de la primavera. Muestra que es el fin del frío invierno, y anuncia la llegada del sol y de días más cálidos.

Pollitos: Representan el nacimiento de una nueva generación, la fertilidad y las cosas que están por venir.

Pooka: Criatura mágica irlandesa que se dice que es mitad hombre y mitad conejo (u otro animal), simboliza la fertilidad y era un sirviente que ayudaba a traer el poder del equinoccio de primavera a la tierra, los bosques y el campo

Aromas para aceites, inciensos, mezclas de aromas o para hacer que floten en el aire

Aire fresco y limpio
Azafrán
Azahar
Copa de rey

Cualquier aroma floral de primavera
Flor del manzano
Jazmín
Junquillo
Lila
Lluvia
Madreselva
Margarita
Miel
Narciso
Prímula
Rosa

Claves del tarot

La Emperatriz
La Estrella
Fuerza
Justicia
El Loco
El Mago
La Sacerdotisa

Símbolos y herramientas:

Cestas: Recolección y ayuda al crecimiento y la abundancia.
Huevos: Creación y fertilidad.
Liebre: Símbolo de la festividad y de la diosa Eostre.
Semillas: Fertilidad, nuevos comienzos y nuevos objetivos.

Comidas

Cebollín
Cordero
Eneldo

Espárragos
Huevos
Lechuga
Marisco
Miel
Rábanos

Bebidas

Bebidas que tengan colores primaverales
Hidromiel

Actividades y tradiciones para practicar

Bendecir semillas
Bendecir el hogar
Cascarones
Caza de huevos
Colorear huevos
Hacer planes para el año
Limpieza de primavera
Pintar o tallar runas para representar nuevas ideas o cualidades
que quieras traer a tu vida
Plantar semillas
Plantar plantas de jardín en el interior
Preparar un jardín

Actos de servicio

Ayudar a los desfavorecidos, ya que muchos refugios temporales
cerrarán pronto.
Recoger la basura (cuando la nieve se funde, ¡la basura sale a la
luz!).
Hacer jardinería o agricultura comunitaria.

Nombres alternativos del Ostara en otras tradiciones paganas

Alban Eiler (celta, significa «la Luz de la Tierra»)
Festival del hallazgo de verano (asatrú)
Equinoccio de primavera o equinoccio vernal

*Festividades o tradiciones que ocurren durante
el Ostara en el hemisferio norte:*

RELIGIOSAS
Día de Dioniso o Baco (grecorromano, 16-17 de marzo)
Anunciación de la Santísima Virgen María (católico, 25 de marzo)
Domingo de Ramos (cristiano, el domingo antes de la Pascua)
Viernes Santo (cristiano, el viernes antes de la Pascua)
Pascua (cristiano, el primer domingo después de la primera luna
llena después del equinoccio de primavera)
Pascua judía (judío, decimoquinto día del Nisan, que comienza
la noche de la luna llena después del equinoccio de primavera del
norte)

PROFANAS
Día de San Patricio (aunque originalmente era la fiesta católica
de un santo, se celebra más como una festividad profana en los
Estados Unidos, el 17 de marzo)

*Festividades o tradiciones que ocurren
durante el Ostara en el hemisferio sur:*

RELIGIOSAS
Festival de las Júpiter, Juno, Minerva (Nova Roma)
Fiesta de San Miguel y de todos los Ángeles (cristianos católicos)
Nacimiento de la Virgen María (cristianos católicos, 8 de
septiembre)

PROFANAS
Floriade (el festival de flores más grande del hemisferio sur)

MÁS LECTURAS

Libros

Banks, Mary Macleod. *British Calendar Customs: Scotland, THREE VOLUMES: vols. 1, 2 & 3*. Londres: Folklore Society, 1937.

Dugan, Ellen. *Seasons of Witchery: Celebrating the Sabbats with the Garden Witch*. Woodbury, Minnesota: Llewellyn Publications, 2012.

Emerson, Lisa. *Ostara for the Youngest Witchlings*. Seattle, Washington: Amazon Digital Services, 2013.

Kyrja. *Rupert's Tales: The Wheel of the Year-Samhain, Yule, Imbolc, and Ostara*. Atglen, Pensilvania: Schiffer Publishing, 2012.

Lee, Jodi. *Ostara: Creating New Pagan Family Traditions*. Seattle, Washington: Amazon Digital Services, 2012.

Nar. *Recipes for Ostara*. Seattle, Washington: CreateSpace Independent Publishing Platform, 2012.

Jackson, Ellen. *The Spring Equinox: Celebrating the Greening of the Earth*. Minneapolis, Minnesota: Millbrook Press, 2012.

Internet

The Mysterious Megaliths of New England: http://planetvermont.com/pvq/v9n1/megaliths.html

Aphrodite: Greek Goddess of Love & Beauty: http://www.theoi.com/Olympios/Aphrodite.html

Floromancy-Divination with Flowers-The Druid's Egg: Imbolc–Ostara 2009: http://www.youtube.com/watch?v=e3IFVQhTqq4

Mythology Guide: http://www.online-mythology.com/clytie/

Religious Tolerance: http://www.religioustolerance.org/spequi2.htm#

The Sacred Fire-Celtic Festivals: http://www.sacredfire.net/festivals.html

Venus-Roman Goddess of Love and Beauty: http://www.goddess.ws/venus.html

BIBLIOGRAFÍA

Libros

Breathnach, Sarah Ban. Mrs. Sharp's Traditions: *Reviving Victorian Family Celebrations of Comfort and Joy*. Nueva York: Scribner, 2001.

Buckland, Raymond. *The Fortune-Telling Book: The Encyclopedia of Divination and Soothsaying*. Canton, Minnesota: Visible Ink Press, 2003.

Connor, Kerri. *The Pocket Spell Creator: Magickal References at Your Fingertips*. Pompton Plains, Nueva Jersey: New Page Books, 2003.

Goudsward, David, with Robert E. Stone. *America's Stonehenge: The Mystery Hill Story*. Boston, Massachusetts: Branden Books, 2003.

Hutton, Ronald. *Stations of the Sun: A History of the Ritual Year in Britain*. Nueva York: Oxford University Press, 1996.

Jordan, Michael. *Dictionary of the Gods and Goddesses*. Nueva York: Facts on File, 2005.

Kimmel, Eric. *The Birds' Gift: A Ukrainian Easter Story*. Nueva York: Holiday House, 1999.

Kynes, Sandra. *Llewellyn's Complete Book of Correspondences: A Comprehensive and Cross-Referenced Resource for Pagans & Wiccans*. Woodbury, Minnesota: Llewellyn Publications, 2013.

McCoy, Edain. *Ostara: Customs, Spells & Rituals for the Rites of Spring*. St. Paul, Minnesota: Llewellyn Publications, 2003.

O'Gaea, Ashleen. *Celebrating the Seasons of Life: Samhain to Ostara, Lore Rituals, Activities, and Symbols*. Pompton Plains, Nueva Jersey: New Page Books, 2004.

Shaw, Phillip. *Pagan Goddesses in the Early Germanic World: Eostre, Hreda and the Cult of Matrons*. Londres: Bristol Classical Press, 2011.

Trotter, James M. *Reading Hosea in Achaemenid Yehud*. Londres: Continuum International Publishing Group, 2001.

Internet

Angel, Paul Tudor. «The Mysterious Megaliths of New England», Planet Vermont. Accedido el 20 de febrero de 2014, http://planetvermont.com/pvq/v9n1/megaliths.html.

Bott, Adrian. «Hunting the spurious Eostre Hare», Cavalorn LiveJournal Blog, 13 de marzo de 2013. Accedido el 17 de febrero de 2014, http://cavalorn.livejournal.com/585924.html.

«Celtic Druid's Spring Equinox», Ireland's Druidschool. Accedido el 3 de agosto de 2014, http://www.druidschool.com/site/1030100/page/765341.

«Celtic Festivals», The Sacred Fire. Accedido el 20 de febrero de 2014, http://www.sacredfire.net/festivals.html.

Dickman, Jean-Andrew. «The Coming of Eostre», Cricket; marzo de 2002, vol. 29, número 7, p. 16. Accedido el 17 de febrero de 2014, http://connection.ebscohost.com/c/short-stories/6190686/coming-eostre.

«Fernacre Stone Circle», Cornwall's Archeological Heritage: A field guide to accessible sites. Accedido el 20 de febrero de 2014, http://www.historic-cornwall.org.uk/a2m/bronze_age/stone_circle/fernacre/fernacre.htm.

Gill, N. S. «Bacchanalia», Ancient History-About.com. Accessed February 10, 2014, http://ancienthistory.about.com/od/dionysus-myth/g/Bacchanalia.htm.

«International Day of Nowruz», The United Nations. Accedido el 20 de febrero de 2014, http://www.un.org/en/events/nowruzday/.

Lady Hectate. «Sabbat Celebrations». Hecate's Cauldron. Accedido el 18 de febrero de 2014, http://www.hecatescauldron.org/sabbats.htm.

Lindemans, Micha F. «Venus», Encyclopedia Mythica. Editado el 26 de mayo de 1999, accedido el 3 de agosto 2014, http://www.pantheon.org/articles/v/venus.html.

«Loughcrew Passage Tombs», Megalithic Ireland. Accedido el 20 de febrero de 2014, http://www.megalithicireland.com/lough-crew.htm.

«Mnajdra Temples», Heritage Malta. Accedido el 14 de mayo de 2014, http://heritagemalta.org/museums-sites/mnajdra-temples/.

«Pyramid of Kukulkan at Chich'en Itza», Atlas Obscura. Accedido el 20 de febrero de 2014, http://www.atlasobscura.com/places/pyramid-kukulcan-chichen-itza.

Sofaer, Anna P., and Sinclair, Rolf M. «Astronomical Mark- ings at Three Sites on Fajada Butte», de *Astronomy and Ceremony in the Prehistoric Southwest*, John B. Carlson y W. James Judge, editores, Maxwell Museum of Anthropology, Anthropological Papers, No. 2, 1983, según lo publicado en Solstice Project. Accedido el 20 de febrero de 2014, http://www.solsticeproject.org/astromark.htm.

Van De Bogart, Willard. «Stones in the Sky-Part III: First section: The Secrets of Angkor Wat–Cambodian Expedition II», Earth Portals. Accedido el 20 de febrero de 2014, http://www.earthportals.com/Portal_Messenger/stonesinsky3.html.

White, René. «New Equinox Features Discovered at Clarke County Solstice Site», *Clarke Daily News*, 21 de septiembre de 2012. Accedido el 20 de febrero de 2014, http://www.clarkedailynews.com/new-equinox-features-discovered-at-clarke-county-solstice-site/.